# "克己复礼"历史诠释及当代价值

唐青州 著

上海社会科学院出版社

# 目　录

前言 ... 001

## 第一章　"克己复礼"思想溯源 ... 019
第一节　《礼记》中"礼"的礼义与礼仪 ... 019
第二节　成己成人——孔子仁学思想 ... 024
第三节　"以仁存心"——孟子仁学思想 ... 027
第四节　"仁"在"克己复礼"诠释中的地位 ... 033

## 第二章　先秦时期"克己复礼"诠释及其特色 ... 036
第一节　重审孔孟礼论之精神性意涵 ... 036
第二节　仁义内外：《礼记》礼论与孟、荀礼义分判 ... 041
第三节　"礼"的精神性与"克己复礼"诠释 ... 045

## 第三章　汉魏时期"克己复礼"诠释及其特色 ... 049
第一节　汉魏《论语》学及注说特色概述 ... 049
第二节　"礼，体情而防乱者"——董仲舒"克己复礼"解 ... 052
第三节　魏晋玄谈与何晏"克己复礼"解 ... 056
第四节　"责己复礼"——皇侃"克己复礼"解 ... 060

## 第四章　两宋时期"克己复礼"诠释及其特色　　069
### 第一节　两宋时期《论语》学发展状况概述　　069
### 第二节　二程"克己复礼"解　　071
### 第三节　朱熹"克己复礼"解　　078
### 第四节　杨慈湖"克己复礼"解　　095

## 第五章　明代"克己复礼"诠释及其特色　　108
### 第一节　明代心学与"克己复礼"诠释　　108
### 第二节　于一念发动处去欲——王阳明"克己复礼"解　　109
### 第三节　克己复礼犹直指本体——邹守益"克己复礼"解　　124
### 第四节　"能己复礼"到"复见天地之心"——罗汝芳"克己复礼"解　　138

## 第六章　清代"克己复礼"诠释及其特色　　150
### 第一节　清代经学与"克己复礼"诠释　　150
### 第二节　戴震"克己复礼"解　　151
### 第三节　凌廷堪"克己复礼"解　　161

## 第七章　"克己复礼"诠释的当代价值　　171
### 第一节　"礼学"作为一种道德之学　　171
### 第二节　仁学与礼学的内在统一性　　174
### 第三节　天下归仁——儒家伦理学的终极旨趣　　176

## 参考文献　　180

# 前　言

《论语》"克己复礼为仁"这一命题,涉及"仁"与"礼"两个儒家文化中最为核心的概念,对这一命题的聚讼,贯穿整个孔颜之学工夫论研究的始终。本书拟透过这一哲学命题,重新反思《论语》中的"仁""礼"关系,借此探析《论语》学研究的一个侧面,进而观照整个传统儒学的发展流变。

本书在"克己复礼"问题溯源的基础上,从"礼"的精神性入手,重审孔孟"礼"论的精神性意涵。孔子的"摄礼归仁",重新凸显出"礼"的精神性和道德属性。自孔孟起,"仁"成为儒家的根本精神和终极蕲向,"礼"则是"仁"的感通和自然流露。孔孟仁学一方面奠定了反己内求的工夫路线,另一方面则是对于"礼"精神性意义的重新点醒、凸显。然而,若跳脱"仁礼内外"的二元思维,其实"礼"完成的同时也就是"仁"的完成和显现,"仁""礼"应是统一的。因此,对于"礼"的精神性的再思考,既可以补充以往关于"仁""礼"关系的论述,又可以在一定程度上消解"克己复礼"诠释之争。

紧接着以汉代、魏晋、两宋、明清等时期为节点,梳理了汉代以来"克己复礼"的诠释流变,在不同的时代背景下"克己复礼"诠释彰显出不同的风貌。相对于先秦时期孔孟二人所建立的自主道德体系,以董仲舒为代表的汉唐儒者,大都倾向"礼法教化""尊君隆礼"的路线,偏离了孔孟本初的道德自觉路线,对后世礼经的解读亦产生了巨大的导向作用。后世经学对于"礼"的诠释于是逐渐框限在制度意义上,"礼"本身内在的宏大浑厚的精神意涵渐趋隐没消亡。魏晋士人谈玄论道,表面上看似玄远不实,然究其所自,始终离不开调和儒道的时代关切,这种追求多元、自由阐释的学风,为《论语》学在儒道融合方面的发展开出了新的诠释领域。董仲舒与皇侃二人"克己复礼"的诠释路线,可以说典型地呈现了宋以前经学诠释的两种相异路线。

及至宋明,以程朱为代表的理学思想去解读"礼",至朱熹"克己复礼"诠释确立理学"存理去欲"诠释典范后,旋即引起元明儒者的诸多讨论。以杨慈湖"以心解礼"为代表,首开检讨程朱之先河;阳明后学"克己复礼"诠释的特色,则在于将"礼"内在化与本体化,强调以"先天正心之学"或"即本体以为工夫"为工夫实践,挺立自身道德主体性。总体上看,宋明儒学从心性论、本体论、宇宙论、工夫论层面的纵深开拓,都展现了对前儒的突破和超越。

及至清代,清儒则多以考据学为筌蹄,以复归传统儒家经典为旨归,展开对宋儒经典诠释的批判和对理欲观的检省,以戴震(1724—1777)、凌廷堪(1757—1809)、阮元(1764—1849)尤为突出。戴震"克己复礼"解充分肯定情欲的价值,强调顺应自然欲求,在达情遂欲中追求道德的圆满和实现,把情欲化为德性修为的一大助力,调和了天理与人欲之冲突,体现对宋学"理欲观"的背离和扭转。凌廷堪对"仁""礼"关系的思考更加转向"礼",强调"以礼代理""学礼复性",认为内在仁德的成就必须从"外礼"着手。"克己复礼"的实践,完全沦为仅是"复礼"的工夫实践。

平心而论,"克己复礼为仁"的诠释问题归根结底是"仁""礼"关系问题,对于"仁""礼"关系的不同理解也决定了不同的工夫路径。不同时期的儒者从不同角度斟酌损益,对"内在之仁"提出旨趣各异的见解,并在工夫论层面有着异曲同调的道德指向。本书认为此正是探讨"克己复礼"诠释流变的深远意趣。

一、问题缘起:"克己复礼"诠释的千年聚

《论语》颜渊篇"克己复礼"一章的诠释问题对于《论语》研究乃至儒学研究具有十分重要的意义。该章记载"颜渊问仁,子曰:'克己复礼为仁。一日克己复礼,天下归仁焉。为仁由己,而由人乎哉?'"这是整部《论语》中两次谈到"仁""礼"关系的地方之一,①也是孔子(前551—前479)回答其最重视的弟子颜渊问仁的记录,不可小视。有趣的是,学界历来对于"克己复礼"的解释充满分歧,在汉唐经学传统中,"克"一般被训解为"约",意为"约束";"己"被释为"身"。何晏(?—249)《论语集解》援引东汉马融注:"克己,约身也。"②到了南宋,朱熹《论语集注》诠释变为"仁者,本心之全德。克,胜也。己,谓身之私欲也。复,反也。礼者,天理之节文也。……故为仁者必有以胜私欲而复于礼,则事皆天理,而本心之得复全于我矣。"③明代的罗近溪,则又解"克己复礼"为"能己复礼"。④ 表面看来,这似乎只是不同时代诠释"克己复礼"众说纷纭的问题,然而如果深究"克己复礼为仁"一句究竟应该如何诠释,那么即会发现训诂学的解读虽然表面上看似字字凿实,但实际上问题重重。所谓"克己复礼为仁"的重点应该是"为仁",应该着重探讨的是"克己""复礼"两者间以及与"为仁"之间的关系,而不能以禁欲主义的观念将"克己"粗陋地解释为"克制己身"。如此,则《论语》之"仁"的意涵将流于被动,下一句"为仁由己,而由乎人哉?"也将无法得到妥善的解释,此与《论语》中"仁"与"礼"所富含积极的精神性完全相违。

其实,"克己复礼"的诠释歧异点关键在于诠释方法。正如方旭东在《诠释过度与诠释不足:重审中国经典解释学的汉宋之争——以〈论语〉'颜渊问仁'章为例》一文中所讲:"汉学与宋学各代表一种诠释路向:如果说前者是语言学的、史学的,从而是实证的,那么后者则是哲学的,从而是理解的、领悟的。"⑤"克己复礼为仁"一句当从"为仁"着眼,应该全面把握《论语》之"仁"的意涵与"仁""礼"关系来解释"克己复礼为仁",如此才能全面阐释该章的真正意涵。

"克己复礼为仁"这一命题之所以获得如此高的关注度,是因其包含了

---

① 另一处为《论语·八佾》:"人而不仁,如礼何? 人而不仁,如乐何?"
② 何晏集解,皇侃义疏:《论语集解义疏》,商务印书馆1937年版,第161页。
③ 朱熹:《四书章句集注》,中华书局1983年版,第131页。
④ 吴震:《罗近溪的经典诠释及其思想史意义——就"克己复礼"的诠释而谈》,《复旦学报》2006年第5期,第76页。
⑤ 方旭东:《诠释过度与诠释不足:重审中国经典解释学的汉宋之争——以〈论语〉"颜渊问仁"章为例》,《哲学研究》2005年第2期,第61—65页。

"仁"与"礼"两个《论语》中最为核心的关键词,是进入孔子理论的重要门径,且这一命题中概念的复杂关系也生发出不同的观点和争论。而关于"克己复礼"的诠释方法论争,20世纪90年代,发生在何炳棣、杜维明、刘述先、孙国栋等前辈学者之间,在《二十一世纪》期刊上针对"克己复礼"诠解的争论就是个非常有启发性的事件。在这场争论中主要涉及五个方面的问题,分别是"'克己'二字能否作出正面修身的阐释""'仁''礼'关系""《左传》史料如何看待的问题""'礼'的内涵"以及"当代新儒家对于经典的解释方法问题"。

对于这场震动学术界的争论,诸家争论的起端,在于对"克己"一词的解释。何炳棣不同意杜维明将"克己"等同于"修身",再经由"修身"达到"自我完成"的克己复礼诠释,反对杜氏在此意义上实现孔子思想在"仁"与"礼"的统一。何氏认为,此举完全忽略了"礼的约制面"的意义,取消了"礼"的消极制约意义,只剩下积极意义。为了坐实杜氏观点的错误,何氏遂据《左传·昭公十二年》中孔子的一段话,仲尼曰:"古也有志:'克己复礼,仁也。'信善哉!楚灵王若能如是,岂其辱于乾谿?"他坚信《左传》纪事详细,是最具权威和可靠的资料,取之与《论语》参照,当可了解孔子"克己复礼"的原始意涵。孔子在《左传》此处对于"克己复礼"的引用是为最原始的本义,就是字面上、常识上的"克制自己"而已,"绝无'修身'及其延伸之理。"[1]进而提出了他对于治学方法的看法,批评了当代新儒家过多的"语境跳跃"导致文意歪曲。何氏一文发表后,旋即遭到杜维明、刘述先、孙国栋等人的激烈反驳,引发后续围绕"克己"和"仁礼关系"等的一系列争论。

在那场论战中,刘述先以分析"《论语》的内证"来回应。所谓"内证",就是在解释《论语》某一章时,必须在《论语》本身找材料,在思想上找到一条贯通的线索。刘氏认为"克"解作"克制""克服"并无争议,而把"克己"解释成"修身",清代刘宝楠(1791—1855)亦曾这么说过。"克己复礼"的诠释问题,在于"克己"是否只需要解释成"克服自我"即可,还是如杜维明先生所言,"克己"应该与"修身"联系讲出正面的含义,避免过度凸显负面禁欲之意而导致

---

[1] 何炳棣:《"克己复礼"真诠——当代新儒家杜维明治学方法的初步检讨》,《二十一世纪》1991年第8期。

误解。

　　换言之,此争论的焦点亦在于孔子思想是否应该往积极正面的方向去解释。根据何炳棣的讲法,"克己"的主要含义在于消极的克制压抑,并无修身意义上的积极发展乃至自我完成层面的含义。劳干亦认为:"当时既无性善性恶这个观念,也就无从把克己当作充实自己来解释。至于《大学》一篇,应属孟子以后思想,更不必把'修、齐、治、平'加到儒家原始思想中去。"①

　　然而,我们根据《论语》中"人而不仁如礼何?"(《论语·八佾》)、"礼云礼云,玉帛云乎哉?"(《论语·阳货》)、"道之以德,齐之以礼,有耻且格"(《论语·为政》)、"仁远乎哉?我欲仁,斯仁至矣"(《论语·述而》)可以见得,孔子思想中的"仁"与"礼"无不具有积极正面的含义。因此,"礼"的修养工夫虽然表面上看似从克制做起,但做消极的克己工夫的同时也就在做积极的修身工夫,对于"克己复礼"的诠释往"自我完成"的方向去引申,其实并不违背孔子的精神。② 笔者认为,"克己复礼"一章既然明显是在讲工夫论的内容,那么本就该从符合孔子思想中"仁"的积极意涵去解读。"克己复礼"的重点在于"为仁",具有为仁由己、天下归仁的积极意义,若仅局限于"克己"二字的字面意义,反而是断章取义。

　　杜维明则在争论时隔20余年后,才对"克己复礼"问题做出正面回应。③他在《建构精神性人文主义——从克己复礼为仁的现代解读出发》一文中指出,何氏之论有"明显的人文科学主义倾向","反对以修身来解释克己,而使用很严苛的限制性的禁欲来解释,这与儒家所讲的为己之学完全背离,而与法家相似。"何氏反对从广义的礼、文化等角度来解释"复礼",认为"礼"仅仅就是"周礼",从而"把重视因革损益的孔子看成保守的复古派"。④ 这表面看似追求历史事实,实际上是傲慢地对于古人的精神世界完全不能有同情的理

---

① 劳干:《劳干院士来函》,《中国文哲研究通讯》1991年第1卷第3期,第171—177页。
② 刘述先:《从方法论的角度论何炳棣教授对"克己复礼"的解释》,《二十一世纪》1992年第9期,第140—147页。
③ 先前杜维明《从既惊讶又荣幸到迷惑而费解——写在敬答何炳棣教授之前》一文,并未对克己复礼做出全面的澄清与论述。
④ 杜维明:《建构精神性人文主义——从克己复礼为仁的现代解读出发》,《探索与争鸣》2014年第2期,第7页。

解。因此,杜氏提出应该用精神性的人文主义来解读孔子的"克己复礼为仁"。"仁"作为内载的道德主体,以物随心转的方式行事,进而由内在主体建构礼、践行礼。"仁"是内在德性,"礼"在"仁"的基础上有了意义,"仁"在礼仪规范中得到体现。①

笔者认为,杜氏此论恰当地提醒了我们在解读《论语》时,不能忘记孔子的思想精神性的特质,不能忽略"仁"作为内在道德价值的积极性,不能忽视心灵主体的活动。如此,方能对"克己复礼为仁,一日克己复礼,天下归仁",乃至于"为仁由己"有更恰当的诠释。隔年,杜氏出版《诠释〈论语〉"克己复礼"章方法的反思》一书,更是彻底地从如何理解《论语》中的"仁""礼"关系讲起,强调孔子思想"仁"的解释必须有核心的统一性,"礼"则是"仁"的外在体现,"礼"与"仁"的作用一起构成了修身,"仁"比"礼"具有价值上的优先性。是则,把握住"仁"作为孔子思想的重要性,才能对"克己复礼"有比较恰当的诠释,克己、复礼都应该从修身的角度作开放性的诠释。②

事实上,这一争论从某种层面上展现的是历史学家与哲学家在治学方法和旨趣上的差异,历史学家致力于文献解读、追求唯一解答,而哲学家则对研究课题做整体的思想结构分析,关注研究对象精神世界的哲学意义。与此同时,这一争论也凸显"克己复礼"这一论题,乃至于其诠释发展史的讨论价值。对此,吴震认为,"对于儒家经典的诠释虽然须以理解和把握文本的文字含义为基础,但在根本上又不同于经学考据的文字训诂。经典诠释应当更为注重思想义理的内在脉络,否则经典解释就有可能蜕变成一种'饾饤'之学。"③此说诚然公允。

是故,如上所述,正因为关于"克己复礼"的聚讼争论十分复杂,引发了笔者对于"克己复礼"诠释史研究的浓厚兴趣。"克己复礼"章是《论语》的核心章节,如能对这一问题详加梳理,把握住"仁"作为《论语》道德核心价值的重

---

① 参见杜维明:《建构精神性人文主义——从克己复礼为仁的现代解读出发》,《探索与争鸣》2014年第2期,第8页。
② 杜维明:《诠释〈论语〉"克己复礼"章方法的反思》,台湾"中研院"文哲所2015年版,第3页。
③ 吴震:《罗近溪的经典诠释及其思想史意义——就"克己复礼"的诠释而谈》,《复旦学报(社会科学版)》2006年第5期,第73页。

要性去解读"克己复礼",分析"克己"的工夫究竟如何达到天下归仁,相信将有助于我们对于《论语》的思想内涵有更进一步的了解,并且对于历来各家不同的"克己复礼"诠释,能够有一个较为公允的评判与补充。

## 二、研究概况综述

"克己复礼为仁"作为《论语》研究的重要议题之一,历来学者的解释不尽相同,沿着诸家诠释的发展情况去整理材料,可以梳理成一条饶有趣味的"克己复礼诠释史",并且与中国哲学史的发展和论语研究的发展相互对照、相互补充。"克己复礼为仁"这一哲学命题,涉及了孔子思想体系的核心范畴"仁"和"礼",以及孔门颜子之学的成圣工夫。

对于"克己复礼",黄俊杰认为:"孔子对颜渊所说'克己复礼为仁'这项命题,是朱子撰作《仁说》之前之最高峰,两千年来中、日、韩各国儒者对孔子这句话说解纷纷,极具理论之意趣,亦深具思想史之含义。"[①]诚然,对于"克己复礼"真意的探寻,是历来《论语》相关研究者孜孜矻矻、执着不休的,但凡谈论孔颜思想,必会谈及"克己复礼"。但是,正如向世陵先生所言:"'克己复礼'四字,字字都有不同的解释。围绕这四字或六字的内涵,以及仁与礼的关系,解经家进行了长期的争论。"[②]经笔者梳理,兹将近人相关研究,阐述如下。

当前学界关于"克己复礼"这一命题的研究,多以单篇论文形式专就一家或专就某题短篇精论,或散见于《论语》相关研究,以及部分中国哲学史章节,很少独立成书专论"克己复礼"的诠释流变。就笔者目力所及,当前唯有杜维明先生于2015年出版的《诠释〈论语〉"克己复礼"章方法的反思》一书中专论了"克己复礼为仁"一章,讨论的内容涉及"仁""礼"关系、本章论"仁"之主题,并阐发了"孔门'克己复礼为仁'的学问所具有的精神性人文主义和修身哲学意义"。杜维明认为:"仁所代表的主体性赋予礼以内在价值,因此无仁之礼,

---

[①] 黄俊杰:《孔子"克己复礼为仁"说与东亚儒者的诠释》,《外国问题研究》2017年第1期,第9页。
[②] 向世陵:《克己复礼为仁——持续的争议与历史的教益》,载《儒学的当代使命——纪念孔子诞辰2560周年国际学术研讨会论文集》,九州出版社2009年版,第390页。

一定变质为形式主义。"一方面,"只有通过克己复礼才能归仁,因此讨论克己复礼决不能离开仁;另一方面,'克己复礼为仁'是修身的问题,所以要有归仁的成果",①详见上文,在此不重述。

"克己复礼"这一问题的解释存在较大争议,这一点已是大多数学者的共识,如台湾"中研院"文哲所林月惠认为:"历来学者对此章的讨论极为热烈;有涉及训诂与义理的汉宋之争,亦有历史与哲学进路的不同理解,甚至日本德川时代儒者也对此章有不同的诠释。"②又如杜维明认为:"后世对这段话的解读很多,各有精彩之处,代表了不同的角度与立场。现今思想界对这段话的争论更多,歧义也很多,尤其是在世界不同文明的语境下,所涉及的内容和范围比古代儒家内部的讨论更宽广。"③诚然,如果说 20 多年前的那场争论,主要集中于对"克己"与"仁""礼"关系的讨论,而其他关于"克己复礼"的近代研究还有很多,例如:宋明理学相关研究对于"克己复礼"诠释的探析,也有从东亚儒学的视域进行分析的,亦有从伦理学的角度分析论证"克己复礼为仁"的,可以说是异彩纷呈,各抒己见。

自从朱子继承程伊川之思想,据"天理人欲"的观念诠解"克己复礼"以来,一般认为宋儒多用"克去己私,复返天理"来解"克己复礼",认为"克己"就是负面的私欲,是对孔子原意的曲解。对此,孔凡青分析了朱熹对于"克己复礼"的诠释,他认为:"朱熹对'克己复礼'的诠释非但没有曲解孔子的原意,反而在尊重传统价值的基础上做出了创造性发挥。朱熹讲'克己复礼'只是教人去战胜自己的私欲,并不是去抑制人的正当欲望,更不是教人把自我主体性给磨灭掉。'克己复礼'与'理'的落实是同一个过程,皆统一于"己"创造性、参与性的活的行动之中。"④明代,以王阳明(1472—1529)为代表的儒者受朱子学说之影响,一方面依照"天理人欲"诠解"克己复礼",并认同朱熹

---

① 杜维明:《诠释〈论语〉"克己复礼"章方法的反思》,台湾"中研院"文哲所 2015 年版,摘要。
② 林月惠:《阳明后学的"克己复礼"解及其工夫论之意涵》,《法鼓人文学报》2005 年第 2 期,第 162 页。
③ 杜维明:《建构精神性人文主义——从克己复礼为仁的现代解读出发》,《探索与争鸣》2014 年第 2 期,第 4 页。
④ 孔凡青:《朱熹"克己复礼"之解辨正》,《牡丹江大学学报》2012 年第 4 期,第 20 页。

(1130—1200)"礼即是理也"的命题;另一方面,二者的对立又表现在对"礼"之诠释上。阳明认为"礼"为本心的呈现,若内在无私欲,纯是天理,外在的表现形式则必定自然合乎礼。而朱子则不同,朱子非常强调外在具体的礼仪规范,反对"以理易礼"。对于"礼",朱子解释为"法度规矩",《朱子语类》提到:"学者须先置身于法度规矩之中","说复礼,即说得着实。若说作理,则悬空是个甚物事"。(《朱子语类》卷四十一)

对于宋儒"克己复礼"这一命题诠释的颠覆则在阳明后学那里体现得更为真切。阳明弟子邹东廓(1491—1562)、王龙溪(1498—1583)、罗汝芳(1515—1588)等人均不赞同朱子对"克己复礼"的解释,并各自提出新解。吴震站在"克己复礼"诠释史的立场上,分析了阳明后学罗汝芳对于"克己复礼"的诠释。他认为"克去己私,复返天理"这一以程朱理学为代表的主流见解到了阳明学的时代,遭到了严重的挑战,明代心学家罗汝芳提出了"能己复礼""能身复礼"的全新诠释。[①] 陈碧强在《杨慈湖对"克己复礼"的阐释及其理论意义》一文分析了南宋杨慈湖(1141—1226)对于"克己复礼"的诠释,认为慈湖从心学的角度赋予这一命题新的内涵,以及异于理学传统的颠覆性理解,并认为杨慈湖对"克己复礼"的全新阐释在阳明后学那里得到了积极回应。[②]对"克己复礼"诠释的颠覆,早在南宋便初露端倪。

林月惠还在《阳明后学的"克己复礼"解及其工夫论之意涵》一文以邹东廓、王龙溪、罗汝芳三人为代表,深入解析了阳明后学对于"克己复礼"的不同诠释,并揭示了"克己复礼"这一命题内含的工夫论意义,文中特别强调罗汝芳从《周易》"复卦"的角度去阐述"克己复礼"。她认为在"克己复礼"的诠释上,邹东廓与王龙溪都曾援引《易》之"复卦"作为辅助性的论据,但他们仍以《论语》之"克己复礼"为讲论的主题。然而,及至阳明后学,逐渐有异说。罗近溪却易客为主,直接从"复"之深义切入,认为《论语》"克己复礼"之"复"其

---

[①] 吴震:《罗近溪的经典诠释及其思想史意义——就"克己复礼"的诠释而谈》,《复旦学报(社会科学版)》2006年第5期,第72页。
[②] 参见陈碧强:《杨慈湖对"克己复礼"的阐释及其理论意义》,《贵阳学院学报》2015年第2期,第16—21页。

训释必取诸《易》才得以明其实义。用《易》解"克己复礼"少有学者系统分析过,笔者在硕士论文中曾提到"仁"和"复"是罗近溪思想中两个重要的范畴,并且系统分析了近溪"摄仁归易""摄良知归易""非复心无以自知"的易学哲学,认为"近溪从《周易》复卦捻化而出的复以自知工夫,可以说是其思想的最大特色,也是近溪哲学的要点之一,巧妙糅合了'复卦'、《论语》的'克己复礼'与孟学的良知说,从而完成了心学一派易学哲学完整的'心学化进程'。自陆王心学发展以来,心学家们虽多有取于《易传》《孟子》而能开出道德本体内在显豁进路的宏大气象,但少有能如近溪这般大量倚重《周易》去建构个人哲学思想的情况。"①

对于罗汝芳用《易》解"克己复礼",邱显智在其硕士论文中亦有相关分析,他认为:"近溪接受阳明'良知'之说,肯定心体具有主动去蔽的力量。又据'生生之仁'主张克己的意涵为'能己',视'己'为完整的个体,批评朱子将'己'解作私欲。近溪进而以《易》'复以自知'解释复礼之'复',说明只要自为主宰,即能感受天地与我为一,皆在大化流行中,生生不息。"②此外邱氏还分析对比了朱子、阳明、罗汝芳三人不同的哲学立场和解释进路。

及至清代,学术界兴起训诂与义理之争,"克己复礼"的诠释问题再一次成为论证的焦点,具体表现为清代大批学者对于朱子注"克己复礼"展开激烈的批判。刘欢在《船山"克己复礼"义析及其时代关切》一文中分析了王船山(1619—1692)"克己、复礼交相养"的主张,认为船山"特别强调'为仁由己'的主动性和自觉性,这点迥异于佛老莫求诸己而徒归怨于物的做法;针对理欲关系,王夫之绝非完全的禁欲主义,而主张人作为天地之心,应发挥心之思的主动性,主动克己复礼,以天理行于人欲之中,在处于困境之中君子尤其应该如此。"③此表现出船山借由对"克己复礼"的解释来批评佛老异端,在"克己复礼为仁"的解释上,船山主张克己、复礼交相养,尤以复礼为要,不同于朱熹

---

① 唐青州:《罗汝芳易学思想研究》,山东大学硕士论文,2016年,第47—48页。
② 邱显智:《"克己复礼"诠解之省察——以朱子、王阳明、罗近溪为研究对象,台湾暨南国际大学硕士论文,指导导师:邓克铭,2011年,摘要。
③ 刘欢:《船山"克己复礼"义析及其时代关切》,《船山学刊》2016年第6期,第8页。

着重在克己制欲。而杜维明先生在《儒家人文精神的现实意义:"仁"的解析》一文又提到:"清代学者如刘宝楠、戴震等,认为'克'有两个含义:一作'能',如'克明俊德';二作'胜',如'郑伯克段于鄢'。"①

林庆彰则在《论先秦儒家思想中礼的人文精神》一书中认为清代俞樾对于"克己复礼"的解释颇值得注意,并认为俞樾在《群经平议》中称《左传》晚出,不足为据的论断"恐需再加讨论"②。对于"己"字的解释,林氏认为"论语中所用'己'字,皆指自身言,当无疑议"。并引用了阮元在《论语论仁论》中的话来佐证:"颜子'克己','己'字即'自己'之'己',与下'为仁由己'相同……若以'克己'解为私欲,则下文'为仁由己'之'己',断不能再解为私,而由己不由人反诘辞气与上下文不相属矣。"③此外,对于"克己"一词的解释,林氏认为大多数清儒训为"约身",清人毛奇龄(1623—1716)、凌廷堪、刘宝楠等无不如此解释,并以刘宝楠对于"克己"章的解释为例进行了细致的分析论证。他说:"刘氏认为,'克''胜'互训,是为古意,训'约'为引申义,考《论语》《后汉书》,凡言'克己'皆为'约身'。但自杨雄提出胜己之私,以讫朱熹直将'己'视为私欲,这点刘宝楠认为是解释失当的。之所以如此,凌、刘均认为是因邢昺引刘炫注《左传》'克己复礼'之文的'嗜欲与礼义交战'为据解说《论语》之故,凌廷堪更直言'与《论语》何涉'?"④由此可以看出,清人对于克己复礼的解释,颇有研究的价值,戴震、凌廷堪、刘宝楠、俞樾等人均值得一番研究和发现。

延及近代,牟宗三则用"自觉"来概括"克己复礼"的内涵,他于1957年在《台湾日报》上发表了一篇题为《"五四"与现代化》的文章,文中提及:"从孔子开始,中国人就一向重视个人的自觉,讲修养;宋明理学家天天讲'克己复礼''反省''省察',那不都是自觉吗?"⑤而他更进一步的论述,则是在《心体与性

---

① 杜维明:《儒家人文精神的现实意义:"仁"的解析》,载国家图书馆编:《部级领导干部历史文化讲座传统文化中的治国理政智慧》下册,2015年版,第723页。
② 刘振维:《论先秦儒家思想中礼的人文精神(上)》,收录于林庆彰主编:《中国学术思想研究辑刊·十三编》第6册,台湾花木兰出版社2012年版,第144页。
③ 同上书,第142页。
④ 同上书,第143页。
⑤ 牟宗三:《时代与感受续编》,收录于《牟宗三先生全集》第24册,台湾联经出版社2003年版,第270—272页。

体》一书中将这种"自觉"等同于"自律",其云:"曾子所传承之道是克己慎独、相应道德之本性直接承当依次自律而行,所见之'义理当然之理想根源'之道,道之根本义之道,自真实生命处说之道,此正是承孔子之仁教而来者,不是寡头的客观关系社会业务中之实然平铺之规制之道也。"①

但是,与此同时,牟宗三认为"克己复礼"之"礼"所指的"礼仪"不是一成不变的,而是可以"损益""调整"和"创造"的。他说:"孔子之由克己复礼指点仁,曾子之克己慎独忠恕以践仁,正是'行之而著,习矣而察',以开辟生命、价值之源,以求知夫义理当然之道者也。夫如此而后可以损益礼仪,调整体仪,并随时创造礼仪也。不是僵滞于'度数折旋'之中而为永不开眼之不相离也。"②而对于"复",牟宗三侧重从"气"的角度去解释,他说:"所谓复性,即恢复我们之本体性。欲恢复作为本体之性,即须克服或转化我们之气质之不善不正者。我们说性是真正之主体或真正之本体,此一主体或本体是遍在于任何人的。'非独贤者有是心也',人人皆有之,'贤者能勿丧耳'(孟子语)。此主体亦系我们之真正的我(Ego)。"③牟先生此说点出了一个重点,《论语》所谓的"克己复礼""三省吾身""忠恕之道"都是建立在个人道德自觉内省的基础上的。如果"克己复礼"单纯按照字面意义解释为"克制自己",那么"克己复礼"的道德意义将会流于消极被动。

钱穆则认为:"复礼即是置身法度规矩中,岂不着实,可守可循。若悬空说个存天理,则究何者谓之是天理,又如何存法,皆易起争辩,使人难从。"④可见,钱穆,将"礼"看作礼仪法度,遵循了朱子之说。而从工夫论的角度,钱穆认为应该通过人心与外物的交接"内外加持"。他说:"好底本来自合如此,故谓之天理。但被人心私欲迷惑了,故须去得私欲始可存得天理,惟人心活物。私欲随去随生,故须逐一做工夫。俟其积累成熟,此心始无渗漏。非天理与人欲相对立,此处私欲一去,即其余自会好,自不会有私欲。私欲是人心

---

① 牟宗三:《心体与性体》第1册,台湾正中书局1968年版,第275—276页。
② 同上。
③ 牟宗三:《中国哲学的特质》,上海古籍出版社2008年版,第62页。
④ 钱穆:《朱子学提纲》,生活·读书·新知三联书店2002年版,第87页。

与外物交接安放得不好而起,故须内外加持也。"①

唐君毅将"克己复礼"解释成一种"至礼极敬之心",认为"克己复礼"一节是孔子教颜渊"克己依仁",并以此至礼极敬之心为政,此心及于天下,百姓自然归向。"至孔子答颜渊问仁,则曰'克己复礼为仁,一日克己复礼,天下归仁焉'……。孔子以此语教颜渊,即教其由克己而依于仁。并以此至礼极敬之心为政,而'使天下之民,乃皆为此依于仁之礼敬之心之所对所向,而天下之人民,亦如归向于此依于仁之礼敬之心'之谓。"②"孔子之答非礼勿视、非礼勿听、非礼勿言、非礼勿动,唯是言人之礼敬当运于视听言动之中,而无所不极,或人之视听言动,皆当为一礼敬之意之所贯之意。"③唐氏所讲的"至礼极敬之心"应当贯彻到视听言动之中,以至于达到无所不及的程度。此解异于以往之评论,值得深入探究。香港学者吴启超认为唐君毅这种解释是站不住脚的,他认为"仁应解作一种'情理兼备,内外合一'的境界"④。求仁亦应当在"情"和"礼"两面双向着力,缺一不可。

如果说大部分人的视角都局限于中国儒学,黄俊杰则是将视野拓展到了东亚儒学的范围,他在《从东亚儒学视域论朝鲜儒者丁茶山对〈论语〉"克己复礼"章的诠释》一文中从"己"与"仁"的内涵、"克己"如何可能、"克己"与"复礼"的关系等方面,分析了朝鲜儒者丁茶山对于"克己复礼"的诠释,并剖析了朱熹与茶山解释之异同,给学者们提供了新的研究视角和思维角度。

此外,黄俊杰对于东亚儒者的"克己复礼"分析的论述则在《孔子"克己复礼为仁"说与东亚儒者的诠释》一文中更加详尽地展现。他不仅分析了"17世纪以降的中、日、韩儒者,在东亚思想界的'实学'思想氛围之中,对孔子'克己复礼为仁'说所提出之新诠",更立足于此指出"仁"与"礼"之不可分割性与相互紧张性,以及此说在中、日、韩之发展。

还有部分学者从"后习俗责任伦理学"对这一命题进行诠解,如林远泽在

---

① 钱穆:《朱子新学案》,巴蜀书社1986年版,第181页。
② 唐君毅:《中国哲学原论·原道篇》,台湾学生书局1984年版,第94页。
③ 同上。
④ 吴启超:《唐君毅先生对"克己复礼为仁"的诠释》,载何仁富主编:《唐学论衡——唐君毅先生的生命与学问》下册,中国文史出版社2005年版,第410页。

《克己复礼为仁——论儒家实践理性类型学的后习俗责任伦理学重构》一文中借助"后习俗责任伦理学"的观点,对儒家实践理性类型学进行重构,针对"克己复礼"的不同诠释,分析了"仁"是包含"克己"与"复礼"辩证统一的关系,是"意在以同时具有道德自我立法与社会团结整合之主体性实践能力的'仁',为内圣外王的实践理想建立主体性的根据"。[①] 除此之外,还用图表的形式呈现了"仁"在整体性中对于克己复礼所达成的辩证统一关系。视角独特,很有启发意义。

何卓恩、柳恒在《思想史的"史"与"思":从何炳棣与新儒家关于"克己复礼"真诠之争说起》一文中,在对杜、何二人"克己复礼"争论详细分析厘疏的基础上,从"史"与"思"两个层面反思并探讨了思想史研究的理想研究进路,是史与思两方面的互相包容与发见。

总之,正如向世陵所认为的20世纪80年代以来"三十年的'克己复礼为仁'研究,可以说是一种多姿多彩的局面,它不仅在祖国内地、也在海外展开,并产生了新的争鸣"。[②] 他在《克己复礼为仁——持续的争议与历史的教益》一文中,对"文化大革命"后30年学者对"克己复礼"问题的争论做了回顾和总结,具有很高的参考价值。此外,向氏还从"克欲(约己)"与"己(身)能"之辨、"返回""符合"礼与"践礼"之辨、"周礼"与"常礼"之辨、"大(周)礼"与"小礼"之辨、仁礼关系之辨、20世纪90年代初发生于海外及港台地区的争论这六个方面,多层面、多角度地论述了近30年来学术界对于"克己复礼"论题争论的主要内容。[③] 向氏的总结无疑给学子带来很大方便。同时,在2018年,向氏出版《克己复礼为仁——研究与争鸣》一书从中国内地和海外及港台地区两个层面整理收录了现代特别是20世纪80年代以来40年间关于"克己复礼"及其争鸣的相关资料,显示了学者们对这一议题在思想、方法、立场等

---

① 林远泽:《克己复礼为仁——论儒家实践理性类型学的后习俗责任伦理学重构》,《清华学报》2012年第42卷第3期,第401页。
② 向世陵:《克己复礼为仁——持续的争议与历史的教益》,载《儒学的当代使命——纪念孔子诞辰2560周年国际学术研讨会论文集》,九州出版社2009年版,第390页。
③ 向世陵:《克己复礼为仁——持续的争议与历史的教益》,载《儒学的当代使命——纪念孔子诞辰2560周年国际学术研讨会论文集》,九州出版社2009年版,第391—394页。

方面的差异,有较大参考价值。

综观"克己复礼"诠释史,学者对《论语》的研习始终传承不辍,注疏诠释亦相当丰富多元,学者们从旨趣各异的学术思想维度"考察"和"再诠释"了"克己复礼"这一命题的多层含义,并展开对孔颜思想的理论与现实意义的探析。这使得"克己复礼"的诠释问题,成了《论语》研究中聚讼不休的热点。可以说,每家各有其哲学立场与特色,并在此基础上不断丰富经典的意蕴。

## 三、研究意义与研究方法

关于"克己复礼"的诠释问题,讨论"仁""礼"关系的相关文献卷帙浩繁,这就需要我们从琐碎的细节资料中做到整体思考和把握。牟宗三曾说:"中国的文献常常是这里一句那里一句,这就必须靠你文献熟,你孤立看是不行的,孤立看一句,可以有种种不同的讲法。"[1]因此这就需要强大的文献把握能力,而本书力求扎根原始文献,在对文献理解的基础之上,深入挖掘其中所蕴含的思想义理。在《论语》学研究史上,历代学者从不同角度对《论语》的微言大义进行阐发。汉代多从文字训诂的角度进行分析,而宋代则着眼于义理。有从现实政治的角度来阐发儒家政治伦理的;有借鉴佛道相关思想来贯通三家的;亦有参照《周易》相关哲学范畴来构建儒家的宇宙生成论和本体论的。对于"克己复礼"这一命题的诠释,随着思想史不同时期的发展,在不同的时代也有不同的展现和诠释。正如黄俊杰在《东亚儒学经典诠释史的四书学》中所讲:"中国儒家经典诠释是一种体验之学或牟宗三先生所谓'生命的学问',但是每位解读者之生命历程与体道经验各有不同,各从互异角度切入,……各种诠释典范之间之'创造的紧张性',乃成为中国以及东亚儒学思想史绵延发展的内在动力。"[2]因此,笔者认为,有必要对这一命题做一个诠释史向度的梳理,在这个过程中,不仅要关注思想家对经典的独特诠释,也要关注他们自身的生命体验和对于现实世界的关怀。

---

[1] 牟宗三:《中国哲学十九讲》,台湾学生书局1983年版,第84—85页。
[2] 黄俊杰:《东亚儒学经典诠释史的四书学》,载黄俊杰编:《东亚儒者的〈四书〉诠释》,台湾台大出版中心2008年版,第294页。

笔者以为对"克己复礼"这一命题的诠释进行系统梳理的必要性主要从以下几个方面展开：

首先，从文献研究情状看，尚没有人从哲学发展史的角度完整地梳理过"克己复礼"的诠释变化。而发掘并指出这一命题诠释的相关流变和转化，无疑对于丰富哲学史的研究视野有很大帮助。吴震已经意识到，宋明两代对于"克己复礼"的诠释有颠覆性的差异，他明确指出："从16世纪以降明代心学的思想发展中可以发现，在'克己复礼'的问题上出现了几乎是颠覆性的重新解释。"[1]严格来说，宋明理学对于"克己复礼"的解释变革还可以分成两个阶段：第一阶段是程朱理学对汉唐经学的义理化变革；第二阶段则是阳明心学对程朱理学"克己复礼"说的颠覆。那么，在这两个阶段的"克己复礼"诠释，实际上发生了什么改变，这还需要具体加以论述。

其次，通过"克己复礼"这一命题入手，去分析不同时代的不同解释，挖掘与之相关的哲学性问题，去考察论语学的流变轨迹，非常必要而有意义。对于"克己复礼"的诠释在不同的时代有不同的时代思想特征。"克己复礼"的千年聚讼并没有一个最终的结论，反而仍有很多问题没有明晰，比如：一是汉唐时代的经史学家一般怎么诠释"克己复礼"？延及宋明理学时代，"克己复礼"诠释又产生怎样的巨变？迄于清代，从清初学术、乾嘉考据，一路到晚清近代，诸家学者的"克己复礼"诠释又是怎样的情况，诠解的有效性又是如何？这些都尚待梳理分析。二是谁最先把《礼记·乐记》中"天理""人欲"的概念放到《论语》中来解释？其影响又是如何？三是谁最先用《周易》复卦来解释《论语》之"克己复礼"的命题？其影响与有效性又是如何？最后，我们又该如何客观地解释"克己复礼为仁"？对于诸家的解释，如何以训诂还其训诂，以义理还其义理，彰显不同时代不同学者的"克己复礼"诠释的特质与缺陷？等等。与此相关的诸多问题，都是本书将要思考和讨论的内容。

最后，本书的研究目标是，透过论语"克己复礼"这一具体的哲学命题，观察中国传统儒学的发展流变，探析《论语》研究的走向，并尝试思考和解决

---

[1] 吴震：《罗近溪的经典诠释及其思想意义——就"克己复礼"的诠释而谈》，《复旦学报（社会科学版）》2006年第5期，第73页。

"仁""礼"这两大概念所牵涉的诸多问题。

  研究方法主要从以下几方面展开：其一，广泛阅读古籍文献等一手资料。牟宗三就曾强调过了解文句，是读懂文本的首要工夫，只有"了解了这些文句，才能形成一恰当的概念，一到概念，便是思想。概念与概念连结起来，便是义理"[①]。其二，充分利用有关《论语》、儒学、"仁学"等方面的研究成果，立足文本进行深入而有针对性的探讨。其三，比较分析。通过从不同的视角将各学派对"克己复礼"思想的研究情况进行对比，挖掘这一思想的内在逻辑，以及诠释变化。其四，在义理的呈现上，辩证分析与具体论证双轨并行，在综合辨析基础上力求凸显"克己复礼"在不同时代的诠释特色，从中探索和阐发孔子"仁""礼"思想的意涵。在前两步的基础上，统合运用领域的知识对一些问题进行综合分析，最后形成系统的论述。孔子"摄礼归仁"的意义在于，其并非抱残守缺，而是在继承传统的基础上，因革损益超越传统。因此，在新时代的我们，也应该立足传统，面向未来，开出新的思想。

---

[①] 牟宗三：《研究中国哲学之文献途径》，收录于《牟宗三先生全集》第27册，台湾联经出版社2003年版，第341页。

# 第一章
# "克己复礼"思想溯源

## 第一节 《礼记》中"礼"的礼义与礼仪

《论语》作为东亚文明史上的儒家经典之一,记载了2 000多年前孔子及其弟子的思想与生活,虽多人伦日用与布帛菽粟之言,但因其超越性之意涵与丰富的实践性,千百年来一直是东亚儒者的精神源泉,亦奠定了中华民族的精神传统。而说起"克己复礼",首先映入脑海的必然是《论语·颜渊》中孔子与颜回之间的对话,其原文为:"颜渊问仁。子曰:'克己复礼为仁。一日克己复礼,天下归仁焉。为仁由己,而由人乎哉?'颜渊曰:'请问其目。'子曰:'非礼勿视,非礼勿听,非礼勿言,非礼勿动。'颜渊曰:'回虽不敏,请事斯语矣。'"这一命题涉及两个非常重要的概念:"仁"与"礼"。这两个概念在潜移默化中影响着世世代代的中华儿女,也成就了历代儒者在不同的时代背景下各具特色的诠释。

根据史料可知,"克己复礼"一语并非孔子原创,在《左传·昭公十二年》中记载:"仲尼曰:'古也有志:"克己复礼,仁也。"信善哉!楚灵王若能如是,岂其辱于乾谿?'"由"古也有志"一词可知,"克己复礼"是一句古语,孔子在此处引用古语来表达对楚灵王不能做到"克己复礼"的痛惜之情。

近年出土的竹简亦给我们提供了很好的材料参考。《上海博物馆藏战国楚竹书》(五)中《君子为礼》一文,记载了孔子与颜子关于"礼"的一次对话,生动还原了对话的场景:"颜渊侍于夫子。夫子曰:'回,君子为礼,以依于仁。'

颜渊作而答曰：'回不敏，弗能少居也。'夫子曰：'坐，吾语女。言之而不义，口勿言也；视之而不义，目勿视也；听之而不义，耳勿听也；动而不义，身勿动焉。'颜渊退，数日不出，……"从四"不义"与四"勿"中很容易看出，这个场景与《论语》"颜渊问仁"章极为相近，甚至可以说是"颜渊问仁"的补充版。

北宋程颐曾有"自古元不曾有人解仁字之义"之叹。[①] 朱子43岁作《克斋记》一文，认为求仁方法有很多种，而有一言足以尽其要，此即"克己复礼"，可见朱熹对于此章的重视。清代凌廷堪精于礼学，其《校礼堂文集》亦有《复礼》三篇，再到近现代发生在杜维明与何炳棣等人之间关于"克己复礼"长达数十年的讨论。这些都说明"克己复礼"是打开先秦儒学大门的一把钥匙，而对于这一命题的解释也可以使我们更好地理解中国哲学的内涵和旨要。

孔子言"性与天道，不可得而闻"，但言"礼"却可得而闻。《礼记·礼运》记载言偃向孔子请教"夫子之极言礼也，可得而闻与？"孔子回答："我欲观夏道，是故之杞，而不足征也；吾得夏时焉。我欲观殷道，是故之宋，而不足征也；吾得坤乾焉。坤乾之义，夏时之等，吾以是观之。"孔子在不断向三代溯源的过程中去考察古礼，夏商时代的"礼"因太久远而不可考，孔子只得诉诸《坤乾》《夏时》去窥探礼的遗迹，周代的"礼制"继承了夏商文明的精华而愈加强调人文精神，因此，孔子对周礼心驰神往，多次向弟子表露"吾从周"的心意，孔子的思想亦是在礼乐文明的基础上展开，诚如陈来所讲："西周的礼乐文明是儒家思想的母体，轴心时代的儒家以重视礼为特色。"[②] 儒家思想承袭西周礼乐文明而来，但是孔子所向往的仅仅是周代的礼制吗？仔细研究《礼记》《论语》，我们不仅可以看到孔门礼学对于夏商周三代因革损益下的礼制的总结、反省，还可以从孔子对于"礼"的诠释和阐发中去发现孔子对于"礼"的道德性和内在性的强调，也才能真正理解孔子所讲的"礼乐在己"的真实内涵及其价值。由于孔子所讲的"礼"与《论语》中所讲的"礼"具有密不可分的关联，因此对于"礼"精神性内涵的探讨亦可帮助我们更好地检视《论语》中"克己复礼"的诠释问题。

---

[①] 程颐、程颢：《二程集》，王孝鱼点校，中华书局1981年版，第154页。
[②] 陈来：《儒家"礼"的观念与现代世界》，《孔子研究》2001年第1期，第6页。

## 第一章 "克己复礼"思想溯源

《礼记》作为三礼之一,内容庞杂丰富,涵括了先秦时代国家、社会、个人生活的各方面内容。《礼记·昏仪》篇云:"夫礼始于冠,本于昏,重于丧、祭,尊于朝、聘,和于射、乡。此礼之大体也。""礼之大体"涵括冠礼、婚礼、丧礼、祭礼、朝聘礼、饮酒礼、射礼等诸多层面,而与之相对的"礼之小体"则更是细致入微,无所不包。"礼"的重要意义在于它不仅关涉人在社会生活中的具体需要,关乎人类社会文明的传承和发展,亦成就了人的社会性和道德性这两个属性。

纵观《礼记》,孔子对于"礼"的论述涉及多个方面,陈来认为"礼"在儒家文化中至少有六种不同的含义,即礼义、礼乐、礼仪、礼俗、礼制、礼教。而张寿安则概括地认为:"礼包括礼义和礼仪。前者是思想,后者是形式。思想与形式的紧密结合,是礼的最大特质。礼学是实学,不可抽象空谈。"①整体看来,笔者认为可以从礼的"制度"与"精神"两个方面概括孔子论"礼"的主要内涵。"礼仪之礼"体现了消极防闲与积极勉励两个层面。而"精神之礼"则是"礼"在道德层面上的核心价值所在,二者在人的社会实践中本是相互统一的。

学界对中国古代礼文化的研究,一般多偏重制度层面的"礼制",对于"礼"的认识也多偏向于约束意义,如陈来强调"礼"作为一种手段、准则对于社会和人伦具有重要意义。他说:"礼是道德的标准、教化的手段、是非的准则,是政治关系和人伦关系的分位体系,具有法规的功能,也有亲合的作用。"②诚然,《礼记》中大量文字从实践层面展开对士大夫之礼的讨论。比如"朝觐,大夫之私觌,非礼也。大夫执圭而使,所以申信也;不敢私觌,所以致敬也。"(《礼记·郊特牲》)"大夫而飨君,非礼也。大夫强而君杀之,义也;由三桓始也。天子无客礼,莫敢为主焉。君适其臣,升自阼阶,不敢有其室也。"(《礼记·郊特牲》)"侍于君子,不顾望而对,非礼也。"(《礼记·曲礼下》)无论是"私觌""飨君",还是"不顾望而对",都是从非常具体的层面规定了士大夫

---

① 张寿安:《十八世纪礼学考证的思想活力——礼教论争与礼秩重省》,北京大学出版社2005年版,第14页。
② 陈来:《儒家"礼"的观念与现代世界》,《孔子研究》2001年第1期,第6—7页。

在政治生活中所应遵循的礼节，皆是礼的约束意义之具体展现。

又如《王制》篇规定了天子、诸侯、大夫在祭祀层面严格的等级区分："天子祭天地，诸侯祭社稷，大夫祭五祀。天子祭天下名山大川：五岳视三公，四渎视诸侯。诸侯祭名山大川之在其地者。天子诸侯祭因国之在其地而无主后者。"祭祀在早期中国是非常重要的事情，对于祭祀的时间、地点、对象、规格、仪式等都有严格的规定，只有九五之尊的天子才有资格祭天地，且祭祀的时间亦各有不同，天阳地阴，祭天要在一阳来复的冬至，祭地则在夏至。而与天子相比，诸侯、大夫、士则各有不同，"天子祭天地，祭四方，祭山川，祭五祀，岁遍。诸侯方祀，祭山川，祭五祀，岁遍。大夫祭五祀，岁遍。士祭其先"（《礼记·曲礼》）。天子祭祀的范围最广，诸侯可祭祀天地之外的方祀、山川、五祀，士可以祭祀祖先，士以下的庶人没有参与祭祀的资格。又如，《礼记·曲礼上》中亦讲："道德仁义，非礼不成，教训正俗，非礼不备。分争辨讼，非礼不决。君臣上下父子兄弟，非礼不定。……祷祠祭祀，供给鬼神，非礼不诚不庄。是以君子恭敬撙节退让以明礼。"总之，道德仁义、教训礼俗、分争辨讼，凡此种种都表现出礼在政治、人伦、社会等层面的重要意义。

纵然《礼记》中大量的礼制层面的表述表明"礼"在政治层面发挥着重要的作用，然而我们亦不能忽略"礼"的内在精神。正如《礼记·礼运》篇里所讲："治国不以礼，犹耘而不耕也；为礼不本于义，犹耕而弗种也。"制度之礼固然是一种教化的手段、标准，但是如果忽略了其中之义，就相当于只耕田而不种植，终将偏离礼的内在精神。那么，"礼"的精神指向是什么呢？《礼记》中不乏"礼"的积极勉励含义的论述，如《礼记·曲礼》讲"凡为人子之礼：冬温而夏清，昏定而晨省，在丑夷不争"，可知，人子事亲之礼因季节变换而各有不同。又如作为"礼之始"被列为六礼之首的"冠礼"，《礼记》讲："古者冠礼筮日、筮宾，所以敬冠事，敬冠事所以重礼，重礼所以为国本也……""成人者，将责成人礼焉也。""冠者，礼之始也，嘉事之重者也。是故古者重冠；重冠故行之于庙；行之于庙者，所以尊重事；尊重事而不敢擅重事；不敢擅重事，所以自卑而尊先祖也。""已冠而字之，成人之道也。"（《礼记·冠义》）冠礼作为男子成人的标志被赋予了深刻内涵,它不仅仅是一种仪式,更是礼义在个体生命中的生动呈现,也是礼义和礼仪二者的完美统一。又如《礼记》详细记载了先秦时代婚姻的形式、礼仪及意义。《礼记·昏义》篇开头讲"敬慎重正昏礼也",后又重申"敬慎重正而后亲之,礼之大体,而所以成男女之别而立夫妇之义也。男女有别而后夫妇有义;夫妇有义而后父子有亲;父子有亲而后君臣有正。故曰:昏礼者,礼之本也"。《礼记》之所以强调婚礼是礼之本,不仅仅是因其为人伦之始,更在于其中的种族延续、社会稳定和国家治理等意义,礼节之后,夫妻之间的道义才建立,而后才有父子亲情、君臣之正。而《昏义》中两次强调敬、慎、重、正,亦表明婚姻仪式中蕴含的人伦精神的重要性,脱离了这一精神意涵,昏礼就会沦为一种形式而失去意义。

以上,不论是士大夫政治生活礼节,还是冠、昏、丧、祭礼、射艺等方面,在本质上都是礼仪和礼义的统一。庄重繁复的礼节不应该被看作繁文缛节或治理工具,不论在什么情况下,都应该是在内在仁心的引领下自然而然的外在展现。而在现实生活中,礼的精神意义却常常被忽略,而导致礼流于形式。正如余英时对于春秋时代的评价:"春秋时代一方面是礼乐传统发展到了最成熟的阶段,另一方面则盛极而衰发生了'礼崩乐坏'的现象。当时的上层贵族有的已不甚熟悉那种日益繁缛的礼乐,有的则僭越而不遵守礼制。无论是属于哪一种情况,礼乐对于他们都已失去了实际的意义而流为虚伪的形式。"[1]因此,礼发展的越成熟完备,越要当心礼的精神性的旁落,防止礼被过度工具化、手段化。孔孟二人亦是看到了这一点才格外重视礼的精神性。

同样,观"克己复礼为仁"一语,是孔子从前提反推出"仁"的内涵属性。"一日克己复礼,天下归仁焉",可见"归仁"的前提为"克己"与"复礼",二者内涵或可为一。而其中内涵的一个重要问题是"克己"的方法和内容,究其根本,这一问题的根本指向在于"复礼"之"礼"的具体属性。因此,对于"礼"的界定问题在某种层面上,或许是解决所有问题的出发点。

---

[1] 余英时:《士与中国文化》,上海人民出版社1987年版,第89页。

## 第二节　成己成人——孔子仁学思想

面对田间"辟世之士"对孔子为世人奔波的质疑,孔子感叹:"鸟兽不可与同群,吾非斯人之徒与而谁与?"(《论语·微子》)孔子想要告诉我们,人存天地间,并非鸟兽等自然意义之存在,而是伦理意义上之存在。仁义之展露和施行,才是人禽之差别所在。仁学是孔子在传统思想的基础上创立的,他从人的内在修养与外在德行等方面,阐发了"仁"的意义,同时丰富了"礼"的内涵,使"仁"成为指导外在礼制和行为的圭臬。而孟子在孔子的基础上,深化了孔子仁学思想,同时"仁""义"并称,凸显反己内求、扩充四端的工夫路线。孔孟二人共同奠定了儒家思想理论基调。

蔡仁厚讲:"仁的深广而丰富的意义,是孔子所赋予的。所以要把握仁的涵义,还得从《论语》中求了解。"[①]观《论语》可知,"仁"于其中,一以贯之,无疑是孔子思想中最为重要而又集大成的概念之一。"仁"在孔子乃至儒家那里的核心地位亦早已为学界所公认,在某种程度上可以说,孔学即仁学。孔学意义之重大,张岱年先生曾评价:"孔子对中国思想之贡献,即在阐明仁的观念。"[②]

"仁"不仅是儒家思想的核心,亦是人之为人的根本。"厩焚。子退朝,曰:'伤人乎?'不问马。"(《论语·乡党》)人本主义,可以说是孔子仁学所展现出的最独特之处。同时,"仁"又是生命的目标,因此孔子讲"志士仁人无求生以害仁,有杀身以成仁"。谭家哲先生进一步认为,仁学之重要意义就在于其致力于成己成人,以及对于人自身价值的肯定。他说:

> 儒学之以仁为本,之所以对仁特殊重视,非因仁即泛言爱人而已,而更是因仁首先为对人多为人之立言,非只善对人,更是致力于成对方之

---

① 蔡仁厚:《论语中"仁"的涵义与实践》,《孔孟月刊》1977 年第 15 卷 11 期,第 15—17 页。
② 张岱年:《中国哲学大纲》,江苏教育出版社 2005 年版,第 1 页。

为人的。一切其他思想,由于从不对作为人有所肯定,故无论怎样对人善,始终无此立人之仁。儒学强调仁之原因,在此而已;对人作为人之最高肯定,并致力于"立人"为本而已。①

孔子仁学是儒家思想创见的开端,仁学体系庞大,然仍有其内在逻辑线索。孔子注重日用常行,以孝悌之自然亲情为出发点,以"己所不欲,勿施于人"的推己及人为具体践行方法,致力于人格的完善和社会的和谐。以下便从内涵、特性、实践等几个方面对孔孟仁说展开探讨。

从内涵上讲,"仁"字含义虽广而泛,并没有一个准确的定义。弟子问仁,孔子因时、因材施教,指点不同,甚至樊迟三次问仁,得到三个回答,一曰"仁者先难而后获,可谓仁矣"(《论语·雍也》);一曰"爱人"(《论语·颜渊》);一曰"居处恭,执事敬,与人忠;虽之夷狄,不可弃也"(《论语·子路》)。此三者从性质、内涵到具体的实践都有不同的概括,看似随机,实则有其内在深意及理路。此处,孔子一方面讲"仁者先难而后获",承认仁之难以达到,同时在具体践行方法上指点樊迟,要于居处常行中践仁爱人,从侧面也反映出了"仁"亦并非渺不可及,而是由个人的内心先决,孔子讲:"我欲仁,斯仁至矣。"(《论语·述而》)仁虽难至,但并不依赖于外部因素,因此最重要的是于内心层面的觉醒。人是行仁的主体,从欲仁到践仁、行仁的活动都需要自我主体性的挺立和自觉。

对于"仁"的具体含义可以从广义与狭义两个角度去看。广义的概括,可以让我们对"仁"的全幅意义有个整体观念,狭义的概括可以在工夫层面给予我们具体的指导。从广义上看,"仁"无所不包,是所有"善"的德目之总和,朱熹曾以"本心之全德"概括,蔡仁厚亦赞同此说,其曾言:"不能把仁看作是固定的德目。仁,一方面不为任何德目所限定,而从另一面看,则任何德目又皆足以指点仁。仁是超越一切德目之上,而又综摄一切德目的。所以仁是'全德'之名。"②从狭义上看,"仁"可以是"爱人""恭宽信敏惠"等某一具体德目。

---

① 谭家哲:《论语平解(选编)》,台湾漫游者文化2012年版,第643页。
② 蔡仁厚:《孔孟荀哲学》,台湾学生书局1984年版,第68页。

然而，任何一个具体的德目都不能完整概括"仁"的全貌，也不能承括仁的全部含义。

或许正是"仁"这种精微广大的特性，让孔子也不敢以"仁"自居。后世诸多儒者亦注意到"仁"的广义与狭义之分，宋代二程提出所谓的"专言之仁"与"偏言之仁"，亦是对于总体流行之"仁"与狭义上和"义礼智"等德行并立之"仁"的区分。

与前代相比，"仁"的含义，在孔子那里得到极大扩充，几乎囊括人类所有美德。也可以说直到孔子，"仁"才成为一种至高的准则和境界，以一种学说的方式呈现出来。在这个基础上，我们再来看"仁学"所展现的特性和对个体具体实践的指引。

首先，"仁"最大的特性就是其"内在性"与"自觉性"。孔子仁学开启了对内在人格的主动探索，从真实生命中去探索人之为人的意义。子曰："为仁由己，而由人乎哉？"（《论语·述而》）是否"为仁"是个人自身之事，是经过切己反省之后的自觉行动，而非由外力推动。而这种切己自反的能力，在孔子看来是人皆具足而"未见力不足者"。同时，对个人内在生命的促进和提升亦是巨大的，所以孔子讲"我欲仁，斯仁至矣"。

孔子亦尝以"安"与"不安"来凸显"仁"的道德自觉性，宰我问丧，孔子以"心安与否"来回应，意在提点宰我，于孝悌的自然情感去发现仁、体验仁，然而，宰我并没有任何道德上的不安与负疚，孔子无可奈何而痛斥其不仁。亲亲之孝，作为一种最真实最原始的自然情感，是人情最直接的表达和展现。而宰我却如此表现的原因在于，他一味着眼于客观之外事外物，内心已陷至昏沉蒙昧，丧失了生命关怀的能力，无法觉知行事应着眼于内心的真情实感。

孔子亦讲"不患贫而患不安"，相比于外在的贫困落魄，内心的安宁才是更重要的。人的自然情感流露，是人之为人的应然之举，亦是活泼泼的道德心的觉醒，"仁"是一种自觉的行动，而不是人为被迫去做的。孔子以"孝"解仁，以"安"显仁，一方面在于"孝"为人之本，另一方面意在表明，"仁"亦应该如"孝"一样深扎于人们的生命中，在自觉自愿的道德意识中，通过真情实感自然流露，进而获取内心的安宁。

其次，仁学始于道德自觉，终于"成己成人"的道德指向。下学上达的道德实践为儒者所孜孜追求，孔子讲："夫仁者，己欲立而立人，己欲达而达人，能近取譬，可谓仁之方也已。"（《论语·雍也》）孔子践"仁"，以"忠恕"为行仁之方，是一种推己及人的道德实践活动，也展现了视人如己的精神。己立立人、己达达人，乃本诸仁心一脉相承而来，在自觉而觉他的实践中，于日用常行中的切近处取譬落实，也即践仁之方。在这种仁的特性下，外在的实践都是顺乎人情之自然，而不受外在的机缘、条件影响。

综上，我们可以得出，"仁"在内容上，涵弘广大、无所不包；在性质上，始于自发自觉的爱人；外在表现上，系真实情感在自然流露中的展现，指向成己成人的道德实践，可以说孔子围绕"仁"建构了儒家道德哲学的基本形态。陈来认为："孔子对于仁的指点，只要是设定仁的普遍价值，特就德行、工夫而言求仁……盖因此时为儒学建立之初，如梁漱溟所说理性初启，孔子不可能直就本体来揭示，所以强调德行和工夫，以工夫而合本体，以德性而求境界，注重德行的实践，以达到仁的境界。"[①]孔子所揭橥的仁说开辟了人的内在世界，点醒并开启了人类内在向上之精神世界。在孔子那里，"仁"的含义得到极大丰富，同时"仁学"自身的特性，也决定了其在后世会不断地丰富和发展。

## 第三节 "以仁存心"——孟子仁学思想

如前文所述，孔子以"仁"为道德规范的内在基础，完成儒家道德哲学的创建。孔子对孟子影响非常大，孟子依循孔子"能近取譬"与"仁者爱人"的仁学思想，进一步开出"仁义内在""四端之心"等理论，推进并深化了儒家道德哲学。可以说，孔学是孟子思想的直接来源，孟子在孔子思想的基础上，完成对仁学的继承和发扬。

孟子终生服膺孔学，坚信孔子是时代的集大成者，他说"圣之时也，孔子

---

① 陈来：《仁学本体论》，生活·读书·新知三联书店2014年版，第106页。

之谓集大成"(《孟子·万章下》)。因此,孟子把自己看作孔子的私淑弟子,并称"乃所愿,则学孔子也"(《孟子·公孙丑上》)。在孔子基础上,孟子进一步以心言性,开辟出反求诸己、存养扩充的工夫实践进路。以下主要从道德哲学层面探讨孟子对于孔子仁学的继承和发展。

孟子对于孔子道德哲学的继承和发展是多方面的,首先就表现在对于孔子"仁者爱人"的继承上。孟子讲"仁者无不爱"(《孟子·尽心上》),可见,孔孟二人都以"爱"来揭示"仁",把"爱"作为儒家道德实践的起点,而在孟子时代,爱的范围亦进一步扩大,完全超出以往局限于家庭之间的亲情之爱。孟子对仁之"爱"的特性的继承,使得"仁爱"成为儒家的共识和特色之一。

又如,孔孟二人都强调以"仁"来安顿身心。《论语·里仁》讲:"里仁为美,择不处仁,焉得智?""仁者安仁,知者利仁。"孟子更是直接把"仁"看作安宅之所,他说"夫仁,天之尊爵也,人之安宅也"(《孟子·公孙丑上》)。又如在社会治理层面,孔子强调在践仁的过程中去修己以敬、修己以安人,孟子亦强调"仁"的社会作用,强调统治者要行仁政。

孟子对于孔子仁说的深化和突破更多地表现在心性论层面上。孟子仁学,点出仁之本性,非由外铄,而是为我所固有。《孟子·尽心上》讲"仁义礼智根于心",在孟子那里,本心是"仁"的内在根据。"仁"不假外求,人人本有,是"人皆可以为尧舜"的内在根据。孔子讲"为仁由己",孟子则进一步强调要以仁存心。他在《孟子·离娄下》讲:

> 君子以仁存心,以礼存心。仁者爱人,有礼者敬人。爱人者,人恒爱之;敬人者,人恒敬之。有人于此,其待我以横逆,则君子必自反也:"我必不仁也,必无礼也,此物奚宜至哉?"其自反而仁矣,自反而有礼矣。其横逆由是也,君子必自反也:"我必不忠。"自反而忠矣。……是故君子有终身之忧,无一朝之患也。

众所周知,孔子强调求仁在我,然孔子从未谈"心",《论语》中亦未有"心"这一字眼,因此孔子不曾将"仁"与"本心"直接挂钩。而是直到孟子讲"以仁存心""自反而仁",才正式以"心"去统摄"仁",并开创出一条逆觉自反、求仁的工夫进路,可以说,这是孟子对孔子仁说的最大突破。

孟子还从人之四端之心入手,进一步阐明人的道德属性,"四端之心"亦是"良知良能",是道德本心,孟子尝曰:"恻隐之心,仁之端也;羞恶之心,义之端也;辞让之心,礼之端也;是非之心,智之端也。人之有是四端也,犹其有四体也。有是四端而自谓不能者,自贼者也;谓其君不能者,贼其君者也。凡有四端于我者,知皆扩而充之矣,若火之始然,泉之始达。"(《孟子·公孙丑上》)心有实然之心与道德之心的区分,而此处孟子所谓的恻隐之心、羞恶之心、辞让之心、是非之心,显然是从道德层面讲的,是超越的道德本心。孟子讲"反求诸己""尽心知性知天"亦是基于扩充道德本心的层面上讲。孟子"四端说"亦表明"仁"乃生而有之,同时能够自然而然显发于具体的行为中。在这个基础上,孟子高举"人皆可以为尧舜",肯定普通人通过扩充仁心提高道德境界,能够成圣成贤,正是"仁心"这种可以不断扩充的性质,是道德生命保持鲜活的动力源泉。

此外,孟子亦强调身体力行,肯定通过后天的身体力行,不断践仁修身,能够提升自身道德修养。在这一点上孔孟二人是一脉相承的,只是与孔子相比,孟子更加强调"自反"的工夫,不断反求诸己,复归仁之本性,这一点对后世儒者影响深远。孟子仁义并举,在道德实践中强调反求诸己,以道德生命之涵养来引导生命实践,创建了儒家心性学的义理建构。

在仁的实践上,孔子强调要务本,本立道生,子曰:"孝悌也者,其为仁之本与!"(《论语·学而》)仁即亲爱,而此亲爱的直接落实就是对于父母双亲之爱。孟子亦讲:"小弁之怨,亲亲也。亲亲,仁也。"(《孟子·告子下》)孟子援引《诗经·小弁》的例子来说明亲人有错而怨亦是一种爱亲之仁的表现。可见,在孔孟那里"仁"与"亲"紧密相连,"亲亲"是仁的基础和落实。

在孟子的理论中,亦会有"大体"与"小体"的冲突,在生活中,不可避免地会陷入人性与欲望冲突的两难之中,而孟子曾讲"从其大体为大人,从其小体为小人",又讲"先立乎其大者,则其小者弗能夺也,此为大人而已矣"(《孟子·告子上》)。"大体"与"小体"的冲突,也可以归结为道德与私欲的冲突,在孔子那里就有相关的探讨,孔子讲"不义而富且贵,于我如浮云"(《论语·述而》)、"吾未见好德如好色者也"(《论语·子罕》)、"不以其道得之,不处也"(《论语·里仁》)等都是关于私欲与道德的探讨。与孔子一样,孟子亦选择了遵从"大体",摒弃"小体",孟子关于大体、小体的区分,展现出其对于道德心性的强调,其反己内求、尽心养性、持志养气的工夫论亦是在此基础上展开的。

承上所述,孔子讲"吾道一以贯之",孟子亦讲"夫道一而已矣"。在孔孟那里,"仁"首先是一种自觉的精神状态,必须经由内在主体的自觉自反,进而转化至外在实践后获得,孔孟二人共同为后世儒学奠定了内求成圣的道德自觉工夫路线。孔子"为仁由己"一语点出仁学的精妙之处,而孟子更是直接推出"良知良能说",来肯定"仁心本具",肯定人作为行仁主体的独立性,进而推出反己内求、存心养性的求仁工夫。孔孟二人所讲之"仁",并不是要借助外部力量方能获得的德性,而是深藏于己心,需要通过向内反求、依靠主体道德自觉方能获得。

孔子丰富了仁的内涵,孟子进一步确立了"反身而诚"的内求工夫路线,将儒家体仁、践仁、达仁的工夫路径进一步内在化,仁的含义亦渐趋丰富,人文特性更加凸显。与此同时,自孔子起,仁礼关系亦产生了相应的变化。

在分析孔孟仁学思想的基础上,我们再进一步反思仁礼关系,便会有新的发现。《礼记》有言"道德仁义,非礼不成"。礼是道德仁义得以显露和表达的中介,仁礼二者相互发明,相互成就。对于仁礼关系,牟宗三曾如此讲:"孔子由礼乐来点出仁,仁是礼乐的原则。但是这并不是说仁是构成礼乐的内在原则……我们说仁是礼乐的原则,是表示仁是礼乐的超越原则,礼乐要有真实的意义,就要靠这个仁。所以'人而不仁,如礼何?人而不仁,如乐何?'如果人而无仁,你天天演奏音乐有什么用呢?你空有一大套的礼数有什么用呢?"[①]可见,在牟氏看来,仁是礼乐的核心价值和原则,是内在的道德原则,只有仁的内在注入,礼乐的执行和存在才有真正意义。

---

① 牟宗三:《中国哲学的特质》,收录于《牟宗三先生全集》第28册,台湾联经出版社2003年版,第54页。

## 第一章 "克己复礼"思想溯源

从儒学发展的角度看,上至荀子伐思孟,后至当代新儒家,对仁礼关系的探讨一直以来都是儒学研究的焦点,而仁礼关系的判分,可粗略分为三种,分别是"仁本说""礼本说""仁礼并重说",诸家或各执己见,而未有定论。仁本说者不乏其人,礼本说突出表现在清代凌廷堪的学术中,并在现代美国实用主义者那里复又盛行,此在后文第二章与第十章均有探讨。

在仁本说者那里,仁是最高德目,是第一位的,礼并不是德目,也不是德行,而是外在的社会规范,是仁外在的展现。持有此观点的学者,或认为仁是礼的基础,或认为仁是礼的内在依据。然整体上看,都认为仁才是根本,礼只是仁的外在表达。同样,持此观点的学者亦同意,孔子提高了"仁"的地位,孟子将"仁"进一步内在化,至荀子将"礼"的制度性意义凸显出来。复礼与为己的关系亦是成己成人的关系,是向外指向他人而非仅仅局限于自身。在成就他人的道德实践中亦不断提升自身道德修养,这也才是孔子所讲的"一以贯之"之道。比如,陈来先生从仁学本体的角度去看待仁学,他认为儒家的"仁"是"根本的真实,终极的实在,绝对的形而上学的本体,是世界的根本原理"[1]。陈来创造性地将儒家仁学转换到本体层面去,完成新时代中国哲学的建构,也为现代儒学的发展提供了理论和价值层面的指导。在境界论上,他认为:"儒家的仁学则主张必须重视万物一体,或者说万物的共生共在,万物相互关联,而成为一体。"[2]

在礼本说者那里,"礼"为本是孔子乃至儒家思想的中心要旨。持这种礼本说的学者,或认为仁是礼的附庸,礼才是目的;或认为"仁"仍然是道德发展的至高境界,也是君子道德修养的至高追求,然这一目标的实行又必须落实到礼乐实践中去,也必须复归于礼乐之道。持此种观点的学者主要依据两点:一是认为相较于"仁","礼"所涉及的范围与内容更广;二是认为孔子仁礼并言,意图在于以"仁"为手段,达到复礼的目的。因此,他们认为礼是主导,仁是从属,礼高于仁。"礼高于仁"是其与"仁本说"的根本区别所在。比如,美国汉学家赫伯特·芬格莱特(Herbert Fingarette)所著的《孔子:即凡

---

[1] 陈来:《仁学本体论》,三联书店2014年版,第32页。
[2] 同上。

而圣》一书,是英语学界论述孔子思想仁礼关系的重要著作,其基本立场认为"礼"为孔子哲学的中心论旨,认为孔子思想是摄"仁"归"礼","礼"为"仁"之本,认为"礼"先于"仁","仁"只有在"礼"中才能呈现。

与前两种相对,"仁礼并重者"则采取一种更为折中的办法,强调"仁""礼"并举,共为儒家思想的两大支柱,仁礼并重,无主次高下之分。秉持这一观点的学者一般认为仁礼二者相互渗透,相互补充,不可独存。一方面,仁学思想是孔子道德哲学的核心指向和要求;另一方面,仁学虽然宏大,但又始终不离俗常,流贯于人伦日用之间,于礼乐之中,事事物物之中,皆可窥见仁之存在。因此,要于体仁的实践中践礼,在践礼的过程中反求仁义,二者齐头并进,相辅相成。

以上三种仁礼观,在某种程度上都是把仁礼二分,而其实,如果从礼的精神性角度去看,礼本就是仁本,二者并不冲突。在孔孟那里,礼的精神性与仁暗合。反观"礼"本身的产生与发展,礼自产生以来,本身就是圆满自足的,其本身就具有道德内涵,并不需要"仁"去赋予精神性意涵;相反,正是因为大道废,才有仁义出。

从训诂角度讲,"仁"字晚出,"礼"字要远早于"仁"出现,甚至"仁"之起源之时已无端绪可考。清儒阮元在《论语论仁论》中提到自己遍考文献,发现"'仁'字不见于虞夏商《书》及《诗》三颂、《易》卦爻辞之内,似周初有此言而尚无此字"[①]。孔子对于"仁"的点醒和彰显是在反思"礼崩乐坏"之历史背景下产生的,是对人类社会发展的反省和认识。因此,我们可以认为,在孔子点醒"仁义"之前,"礼"本身就具备或可称之为"仁"的精神特性,只是到了孔子这里才以一种反向强调的方式揭橥出来。牟宗三先生曾讲:"礼乐要有真实的意义、要有价值,你非有真生命不可,真生命就在这个'仁'。所以仁这个观念提出来,就使礼乐真实化,使它有生命,有客观的有效性。"可见,即便是牟先生也认为礼乐的真实意义需要"仁"去赋予。

实际上,礼从产生之始就是圆满自足、制度与精神意涵皆具,孔子仁学所

---

① 阮元:《揅经室集·论语论仁论》,中华书局1993年版,第179页。

揭橥出来的"礼"的精神意义,亦并非首创,而更是一种对时代危机的反省和思考。因此,我们要回归至"礼"本身去看,"礼"在产生之初就具备道德属性,无须另外附加。而我们亦本就应该把"礼"放诸道德的位置上,从道德角度去看待"礼",而非单从制度层面去看。在此意义上,我们再反观老子"失道而后德,失德而后仁,失仁而后义,失义而后礼。夫礼者,忠信之泊也,而乱之首也"一语,老子所理解的"礼"已是制度意义之礼,而非形上道德之礼了。

自孔孟起,"仁"成为儒家的根本精神和终极蕲向,"礼"则是"仁"的感通和自然流露。孔孟讲"仁"的意义不仅在于其对于道德自觉的强调,更在于在此基础上对于"礼"精神性意义的重新点醒和凸显。而这对于"克己复礼"的诠释理解至关重要。

## 第四节 "仁"在"克己复礼"诠释中的地位

根据前文所述,仁学由孔子开创这一点毋庸置疑,然而我们也不能忽略孔子论仁的历史背景,以及跳出孔子仁学去看"仁"本身的训诂学源流变化。对于这两点的把握可以帮助我们更好地理解"克己复礼"的诠释问题。

孔子提出"克己复礼为仁"说,将"仁"与"礼"相关联,二者在理论上有其不可分割性,可以说,孔子将"礼"的精神与道德意涵重新凸显出来。而值得注意的是,"仁"字含义,直至孔子才臻完满,孔子"仁""礼"并称,将"仁"之特性发挥得淋漓尽致,使得"仁"本身的含义更加丰富深刻,完成仁学思想体系的建构,也使得"礼"本身的精神意涵重新焕发。屈万里先生在对"仁"字进行了详细考据之后讲:"仁字在孔子以前,它的涵义是狭窄的,它还不成为作人的最高准则。"[1]因此,孔子对于"仁"含义的扩充,使其成为志士仁人的自觉的道德追求,这也是我们说孔子开创仁学的原因所在。与此同时,孔子论仁实有其特殊时代背景。当时礼治衰息,礼制流弊愈演愈烈,繁文缛节终致崩

---

[1] 屈万里:《"仁"字涵义之史的观察》,载《孔子研究集》,台湾中华丛书编审委员会1960年版,第280页。

坏,孔子仁学于此时代应运而生,是对时代问题的反思和回应。

"克己复礼"一章是孔子对于颜渊问仁的回答,因此,此句是孔子讲"仁"的关键,亦是我们寻求"克己复礼"诠释的关键和落脚点。孔子仁学不仅是对"仁"本身含义的扩充,孔子将仁礼并称,对于"仁"的阐发,亦是对于"礼"含义的再提点和强调。在孔子那里,既有以仁论礼之含义,也并未取消礼之外部规则的合理性。与之相反,孔子非常鼓励践礼行礼,向往"七十而从心所欲,不逾矩"(《论语·为政》)的状态,可以说是"礼"之最高境界了,在这种境界下,人才能够真正实现行由心发而无不中规中矩。

孔子仁学本身,浸润深厚、涵弘广大,发端于孝悌,兼仁义礼智信于一体,共恭宽信敏惠于一堂,千百年来,始终是儒者们所向往的精神旨归,至孟子"仁""义"并称,但"仁"仍占据统摄地位,四端之心的扩充,靠的亦是"仁"的力量,更进一步确立了道德内求的工夫路线。

孔子一生践行"仁",却从未以"仁"自居。"仁"不仅是训诂意义上的"从人二",对于"仁"的认识亦要超脱字义训诂。在孔子那里,也不是以单纯的训诂方式去展现,而是通过具体的生活实例和日用常行,去指点人们投入其中,去体贴自己的真实生命。儒学与生活是紧密结合在一起的,中国哲学研究的初衷也应该立足中国传统儒学,去理解和回应现实社会的根本问题。

就"克己复礼"诠释而言,孔子言"仁"的意义在于对"礼"之精神意义的重新凸显。孔子言"礼",想要强调的不在仪文,而重在"礼之本"。外在礼文可以因时损益,而内在精神却万古长青。孔子由"礼"出发,进至"义",落在"仁"上。孔子所举发的仁学思想,冲破了西周时代对于人本身的束缚,使得生命本身的内在价值得以彰显。因此可以说是西周以来对于人自身价值的首次发现与肯定。

牟宗三先生曾讲:"孔子的中心思想在'仁'一字。孔子一生做的就是践仁的工夫,孔子的生命直是践仁的生命,仁是一切德性所从出,是真正生命的代表。"[1]我们不仅要看到孔子思想本身是以"仁"为核心,更要看到孔子"仁

---

[1] 牟宗三:《中国哲学的特质》,收录于《牟宗三先生全集》第28册,台湾联经出版社2003年版,第69页。

礼并举"与孟子"仁内义内"说等所藏的深意。儒学在本质上是面向现实生活的,天下归仁的指向更要落实在具体的践行中,孟子讲"我善养吾浩然之气"(《孟子·公孙丑上》),浩然之气的培养不是偶尔的善举和义行就能幸致,而是要落到具体的事上,去做"必有事焉"的磨炼工夫。儒学以道德之性为真实人性,克己复礼的工夫实践,亦是力求突破自然生理之性的限制而又使得本心自然显发的道德实践。

# 第二章
# 先秦时期"克己复礼"诠释及其特色

## 第一节 重审孔孟礼论之精神性意涵

经过夏商周的长期酝酿,礼乐文明终于在西周进入高度发达的时代,各种礼节纷繁复杂。不能否认,礼是周代治理国家的重要工具,礼制发挥着维持秩序教化百姓的政治作用。然而当繁复的礼成为日用常行的礼制,其内在的精神道德意涵逐渐遭到忽略。因此,时至春秋战国,进入礼崩乐坏的阶段,就连孔子所在的鲁国也接连出现"八佾舞于庭""三家者以雍彻""禘自既灌而往"(《论语·八佾》)等失礼乱象。可以说,周文疲敝是孔子毕生面对的时代课题。孔子意识到外在礼节的局限性,如果只有形式上的礼乐而无内在的精神支撑就如同无本之木、无源之水,对生命毫无意义,只是徒具外在形式的仪节。面对礼乐制度流于形式主义,孔子感叹"人而不仁,如礼何?人而不仁,如乐何?""是可忍,孰不可忍"的同时,其所要做的是"摄礼归仁""摄礼归义",力图重建礼的道德意涵,使礼的生命力重新焕发生机。因此,孔子"损益三代,而至仁义之点醒"[1],主张用"仁"来统摄"礼",即礼制的检讨不能只从制度表面进行反省,应该反思礼崩乐坏的问题症结在于"人心内在的道德问题",《论语·颜渊》讲"克己复礼为仁,一日克己复礼,天下归仁焉",《论语·八佾》云"人而不仁,如礼何?"说的都是礼仪实践的关键意义在于仁的展现,

---

[1] 牟宗三:《名家与荀子》,收录于《牟宗三先生全集》第2册,台湾联经出版社2003年版,第179页。

而不只是形式上的礼仪行为。换言之,所谓的"摄礼归仁",意指践礼的同时就是仁心的朗现,仁心的发动自然体现了礼仪的行为,这也正是孟子所说的"仁内义内"。

孔子更屡屡强调"礼之本"的重要。首先,认为"礼,与其奢也,宁俭;丧,与其易也,宁戚"(《论语·八佾》)。正如丧礼重要的不是铺张而是悲戚之心,礼仪如果失去了作为其本质的真实情感,那么礼仪的存在又有何意义?其次,礼仪作为人情的表达方式,孔子还认为"礼"最重要的精神在于"义",《论语·卫灵公》讲"君子义以为质,礼以行之",《礼记·礼运》亦云"礼也者,义之实也。协诸义而协,则礼虽先王未之有,可以义起也"。礼仪的实践,目的在于使人情有恰当适宜的表达,礼之恰当适宜,不应该被理解为某种消极的约束制约,而应该是一种道德自觉的判断与实践,因此当时空变异、物换星移时,礼仪随之权变也是势所必然的。《中庸》也提到:"子曰:'仁者人也,亲亲为大;义者宜也,尊贤为大。亲亲之杀,尊贤之等,礼所生也。'"礼之所生,根本在于人情,更精确地说,在于人之本心。

又如颜回去世时,门人欲厚葬,而孔子恸哭却说"不可""回也,视予犹父也,予不得视犹子也,非我也,夫二三子也"。孔子之所以反对厚葬,根本原因还是在于礼之本,孔子认为"礼,与其奢也,宁俭;丧,与其易也,宁戚"。显然,在孔子那里,礼在本质上是与人情相通并传达感情的,如若为外在的礼节所束缚则失去了本来的精神意义。

正因为孔子认为,礼仪制度的根源,本就应该以内在的仁义为本质开展出来。也正是对这一本质的认识,孔子反思春秋时期之所以演变成"天下无道"(《论语·季氏》)的局面,问题不在于周代礼法的"制度",而在于"礼乐征伐自诸侯出"。这一乱象的根本原因,在于人们遗弃了礼的道德内涵,"礼"甚至沦为贵族阶层维护地位与扩充权力的政治工具。是故在《论语·阳货》中,孔子对于礼乐的形式主义做出了严厉批判:"礼云礼云,玉帛云乎哉?乐云乐云,钟鼓云乎哉?"内在于玉帛、钟鼓的精神含义,才是礼仪所存在的关键意义,如果礼被限缩成一套约束与操弄人类社会关系的僵化制度,那只能是一出"失其义,陈其数"的形式表演。

那么，如前所述，对于孔孟的礼论观点，笔者遂衍生了一大疑问，那就是关于先秦儒学的礼论，孔子"摄礼归仁"与"摄礼归义"的观点其实已为大家所熟知，然而吊诡的是，当我们研读《论语》《礼记》时，却屡屡可以看到当代学者对于"礼"的解读，多是从"礼制"的客观角度进行理解，连带偏向于将礼的道德意涵理解为消极的礼法约束意义，这使得《论语》《礼记》中"礼"的意涵，被限缩解读为一种消极"约束"人情的制度，这与孔子、孟子屡屡强调的"道德自觉"背道而驰。近代《论语》研究中著名的"克己复礼"论争就是最好的例子。因此，笔者认为，对于《论语》《礼记》乃至《孟子》所论的礼学观点，我们有必要重新重视孔子、孟子对于礼的积极性论述，不能把孔孟所论的礼都往制度意义、消极约束的意义去理解。《论语·泰伯》讲"兴于诗，立于礼，成于乐"，礼乐的功能在于生命道德意义的实践与确立，这是很积极正面的。《论语·里仁》讲"以约失之者，鲜矣"，这个约，显然是自我约束的约，绝不会是礼法约束的被动制约。

孔子对于"礼"之精神的摘发，深深影响了后来孟、荀的思想路线，一方面，"为仁由己"确立了孔孟一系工夫论"把握本心"的道德内求路线，后来遂有孟子"仁内义内"之说；另一方面，荀子选择强调礼的规范性、制度性，将礼作为教化统治的推展工具，发扬其政教意义，舍弃孔子论礼往修身之学靠拢的路线。

"礼"在《孟子》中出现多达67次，足以见得孟子并非不谈"礼"，反而是孟子的诸多论辩中，如"仁内义内""叔嫂救溺"其实都涉及礼的论述，《孟子·离娄》更云"非礼之礼，非义之义，大人弗为"。可以见得，孟子对于礼的着眼点与孔子一致，都落在礼的内在精神意义上，对礼的道德自主尤其重视。孔子讲"克己复礼为仁"，孟子讲"仁义礼智根于心"（《孟子·尽心上》）、"夫义，路也；礼，门也。惟君子能由是路，出入是门也"（《孟子·万章下》）都是这个意思。

"谁能出不由户？何莫由斯道也？"（《论语·雍也》）"夫义，路也；礼，门也，惟君子能由是路，出入是门也。"（《孟子·万章下》）孔孟二人都曾以"门户"为喻，表达内在德性必须经由"礼"这一门户才能展现出来，才是君子真正的德行。同样,在"仁内义内"与"仁内义外"之辩中,孟子诘问了"尊敬"的礼仪内涵:"且谓长者义乎?长之者义乎?"(《孟子·告子》)他认为礼本来就是生发于内心的,正因为有尊敬之心,才有外在的"敬"之礼。孟子把礼的发端归源于辞让之心,并认为一个人内心若没有礼义之心便"不足以事父母",这正如同孔子所讲的:"今之孝者,是谓能养。至于犬马,皆能有养;不敬,何以别乎?"(《论语·为政》)又如,孟子讲:"君子以仁存心,以礼存心。"(《孟子·离娄下》);"君子所性,仁义礼智根于心。"(《孟子·尽心上》)由此观之,孟子以仁义为反求诸己的准则,仁义礼智根植于内心而非由外铄,同时是人所异于禽兽之所在。

关于礼仪的权变,礼记提到"礼必本于天,动而之地,列而之事,变而从时"(《礼记·礼运》),孔子讲"麻冕,礼也;今也纯,俭。吾从众。拜下,礼也;今拜乎上,泰也。虽违众,吾从下"(《论语·子罕》)。孟子与孔子一样,都认为礼制并非一成不变的制度,当权变时要有变通,当坚持时则要有所坚持。是故孟子回复淳于髡叔嫂救溺问题时答云:"嫂溺不援,是豺狼也。男女授受不亲,礼也",强调"嫂溺援之以手者,权也"(《孟子·离娄上》)。见到兄嫂掉进水里,救人第一的想法正是仁心的直觉体现,也是践礼的从权从变之展现。

综上所述,可以明显感受到,孔孟一再提醒,如果人们只是一味遵循礼制而忽略其中的道德意涵,无法以内在的仁义之心与礼制相呼应,那么,礼乐将变质为束缚人类的僵化体制,人类实际上成为"礼"的附庸。其实,古往今来制度的僵化都必然会带动思想史的变革,从历史的角度来看,魏晋名士的越名教任自然、宋明理学对先秦经典心性之学的补充、陆王心学对理学的反动,以及明清学人对于情欲的渐趋肯定,实际上都是对礼学、儒学发展的形式化、制度化的反省,由检讨而产生反省,由义理的反省进而推动思想发展的前进突破。

"周监于二代,郁郁乎文哉!吾从周。"(《论语·八佾》)周代以夏商两代的礼法为鉴而强盛,孔子亦多次赞誉周代。但是孔子更清醒地知道,周代强大的原因在于德行,他说:"周之德,其可谓至德也已矣。"(《论语·泰伯》)如果说在周代,"礼"更多的是一种政治统治工具,其内在精神性意涵处于一种隐而未发的状态,而到了孔子那里,其精神性意涵则得到了摘发和高扬,而仁礼关系也进一步得到了统一。这直接体现在孔子对于颜渊问仁的回答上,他说:"克己复礼为仁,一日克己复礼,天下归仁焉。"仁和礼在本质上是内在统一的,如能从仁心出发以应万事万物,那天下无一事不复归仁。

而关于孟子的礼论,孟子强调礼的开端是由内而发的"辞让之心","凡有四端于我者,知皆扩而充之矣,若火之始然,泉之始达。苟能充之,足以保四海;苟不充之,不足以事父母。"他认为,四端之心的扩充需要做"反求诸己"的工夫,如若不能做到扩充,只是虚有其表,孟子斥责这样的人为"自贼者",且"不足以事父母"。牟宗三先生即称孟子是"直接表达道德意识""仁是一切德性之所从出,孟子即由此人心之全而说人之性,人之所以为人之理、真机"。[①] 孟子"仁、义、礼、智"四端并举,主张"辞让之心,礼之端也"的说法,即认为人的一切道德活动都是根于四端之心的扩充去发挥作用。著名的"仁内义内""叔嫂救溺"论题,都是孟子论礼内在取向最好的证明。

礼的权变方面,孟子亦强调"仁义礼智根于心"(《孟子·尽心上》),要遵从内在仁心的直觉,而不能一味地固守古礼。他说"嫂溺援之以手者,权也"(《孟子·离娄上》),见溺施救是恻隐之心的自然发用,而为男女授受不亲之礼所拘,则是不仁。而当人为外在礼义束缚,不按照仁心行事的时候,孟子讲"吾身不能居仁由义,谓之自弃也"。他再三提醒:"仁,人之安宅也;义,人之正路也。"践礼义应遵从仁心之直觉,在权变之中做出正确的判断。孟子此语与孔子所讲的"人而不仁,如礼何"同出一辙,又如孟子讲"非礼之礼,非义之义,大人弗为",《孟子·尽心上》亦讲"仁义礼智根于心",这些都充分表明孟子在对仁礼关系的讨论上,特别强调生命的通达透明,重视内在精神性与外在形式的对应和契合。

孔子礼乐思想的孕育包含了西周的礼乐文明与春秋战国的礼崩乐坏两个时空背景。孔孟二人讲礼既有其社会关切,亦都展现出鲜明的精神性向度。因此,孔孟将礼的核心价值分别建立在仁学的为己之学,以及仁内义内

---

[①] 牟宗三:《中国哲学的特质》,收录于《牟宗三先生全集》第28册,台湾联经出版社2003年版,第69页。

的观点上,孔孟认为礼的道德价值是主观而内在的,是由内而发的。正如《礼记·乐记》讲"礼以道其志",礼只有在与其精神性内涵相接榫的情况下,才能真正发挥其作用。在孔孟那里,真正的礼乐与其精神性意涵相融为一。

## 第二节　仁义内外:《礼记》礼论与孟、荀礼义分判

众所周知,《礼记》中的诸多篇章,如《礼运》《礼器》《郊特牲》《学记》《乐记》《祭义》《中庸》《大学》等,都特别注重礼义的阐发。如前文所述,《礼记》记载的诸多礼仪,其背后的精神意义大概可区分为"消极防闲"和"积极勉励"两种类型。关于先秦的礼论,前文笔者揭示了孔孟的礼仪观与荀子的不同之处,孔孟将礼的核心价值分别建立在仁学的为己之学,以及仁内义内的观点上,孔孟认为礼的道德价值是主观而内在的,是由内而发的;相对的,荀子则将礼的道德价值建立在圣王教化保证的基础上,由此开出"以礼数节之""以法数制之"的礼仪观。透过礼学观的孟荀分判,我们在《礼记》中也能考察到"主观道德"与"客观制度"两种不同道德精神类型的礼论。强调主观道德的,以《中庸》的论诚为代表;强调客观制度的,以《乐记》《礼运》为代表。

《中庸》作为《礼记》中的一篇,宋儒黎立武称《中庸》为"群经之统会枢要"[1],朱子认为它是儒家经典的"汇归综结处"[2]。《中庸》对于礼义的阐发,主要表现在对"至诚之学"的强调。《中庸》认为"仁者人也,亲亲为大;义者宜也,尊贤为大。亲亲之杀,尊贤之等,礼所生也。"礼之所生,源于人情本然"亲亲尊尊"的表现,因此君子想要治理天下,就必须熟知人情。然而,熟知人情并非如法家洞悉人性的弱点去掌握庶民,而是"反求诸其身"后开出的成己、成物。什么是至诚之学?《中庸》提到,人人都有"自诚明"的本性,人人也都能以"自明诚"为工夫。至诚之学不是向外求索,是反身而诚。此至诚之学,

---

[1] 黎立武:《中庸指归》,中华书局1998年版,第129页。
[2] 朱熹:《四书章句集注》,中华书局1983年版,第17页。

往其道德根源追溯,是谓"诚者,天之道也;诚之者,人之道也"。人们能够"至诚",就能发扬本性的道德价值,能够体现人性可贵的善性,进而能够"参赞天地之化育",既成己又成物,可与天地合其德。因此可以说,《中庸》所强调的"诚德",既为天道的本体价值,又下贯于人们的道德本体,是既内在又超越的道德本体。有趣的是,《中庸》并非没有提到君子的"治民",但《中庸》并未把礼乐的道德价值基础建立在圣王的权威上,而是强调"为政在人,取人以身,修身以道,修道以仁",君子的仁政德治是一个由内而外推扩的过程,必须"知所以修身,则知所以治人"。这点和《礼记》其他篇章倾向于荀子的圣王教化观,是完全不同的。笔者认为,也正是因为《大学》《中庸》在工夫论殊异于《礼记》其他篇章,所以在重视性理的宋明时期,《大学》《中庸》才获得前所未有的表彰和重视。

  《礼记》其他篇章在论及礼乐的精神意义时,也多有强调内心的道德价值,不论是《礼记》还是《论语》,都强调礼的自然情感抒发。《论语·八佾》林放问"礼之本",子曰:"大哉问!礼,与其奢也,宁俭;丧,与其易也,宁戚。"两个"宁"字表露了孔子对于外在仪式的态度,礼仪隆重与否,丧仪周全与否,都不重要,内在的"诚心"才是礼之根本。《礼记·礼运》虽以圣王教化观为立论,但也认为"礼义也者,人之大端",礼是"达天道顺人情之大窦"。虽然立足于"大人世及以为礼。城郭沟池以为固,礼义以为纪"的小康之治的效法,仍然不忘对"大道之行也"的大同社会有所企盼。《礼记》也常提到"报本反始""报情反始",《礼记·乐记》说"乐也者,施也;礼也者,报也"。礼的产生,是为了人情本有往来报反的需要。换言之,礼也就是人情报反的表达,礼之所生并不是无中生有,而是顺乎人情自然。那么,关于礼的道德根源,荀子模式也存在一定的矛盾。既然圣王制礼作乐用以节制人情,换言之,礼乐也就是人情的表现,然而此人情表现的道德价值意义,却又建立在圣王教化的保证上:"礼者,所以正身也;师者,所以正礼也。无礼何以正身?无师吾安知礼之为是也?"(《荀子·修身》)那么,假如礼的道德根源并非出自实践者本身,礼的道德价值就成为一大问题,颇同于告子的"仁内义外"之说。《礼记·乐记》所讲"好恶无节于内,知诱于外,不能反躬,天理灭矣",其礼论明显与荀子学派有密切关系。

梁启超说:"《礼记》之最大价值,在于能供给以研究战国、秦、汉间儒家者流——尤其是荀子一派——学术思想史之极丰富之资料。盖孔氏之学,在此期间始确立,亦在此期间而渐失其真。其蜕变之迹与其机,读此两《戴记》八十余篇最能明了也。"[1]荀子在礼的起源问题上与孔孟有根本差异,《荀子·礼论》开宗明义便讲:

> 礼起于何也? 曰:人生而有欲,欲而不得,则不能无求;求而无度量分界,则不能不争。争则乱,乱则穷。先王恶其乱也,故制礼义以分之,以养人之欲,给人之求,使欲必不穷于物,物必不屈于欲。两者相持而长,是礼之所起也。

可见,在孔子那里,礼本乎天地、顺乎人情,而荀子认为,欲与物二者之间相持较量是礼出现的根本原因,礼的功用正在于制衡欲望。荀子还讲"礼者,法之大分,类之纲纪也。故学至乎礼而止矣"(《荀子·劝学》),将礼与法连接在一起,而孔子认为礼与法是截然分开的:"道之以政,齐之以刑,民免而无耻,道之以德,齐之以礼,有耻且格。"(《论语·为政》)孔子认为,政刑和德礼相对,刑与礼相对,刑是制度化的法,礼是道德的展现。荀子的"礼法"把"礼"往"法"的方面靠拢,那么礼便与刑相去不远,符合荀子尊君隆礼的思维。因此,荀子礼法一说,可谓偏离了孔子强调礼的主观道德之本意。

荀子侧重于从政治层面去强调礼制的重要作用,认为"国无礼则不正,礼之所以正国也"(《荀子·王霸》)。荀子认为一国之治依赖于礼制,只要依循礼制,则家可安,国可治。又如,荀子讲:"天有其时,地有其利,人有其治……人之命在天,国之命在礼。"(《荀子·天论》)"天能生物,不能辨物也,地能载人,不能治人也。"(《荀子·礼论》)天道恒常,有其运行之规律,不随个体意志转移,然国家社会的治理则掌握在人类自己手中,要依靠君子以礼制治天地。

此外,荀子与孔子也有相同的看法,他们都强调"礼"在修身层面的意义。

---

[1] 梁启超:《梁启超国学讲录两种》,中国社会科学出版社1997年版,第92页。

孔子讲："君子博学于文，约之以礼，亦可以弗畔矣夫！"(《论语·雍也》)《荀子·修身》讲："凡治气养心之术，莫径由礼，莫要得师，莫神一好。夫是之谓治气养心之术也。"诚然，荀子也肯定礼在修身层面的意义，力主在食饮、衣服、居处、动静等日用常行中各个方面循礼而行。治气养心修身，亦离不开"礼"的引导。但是必须看到，荀子强调的礼的修身义与孔孟有根本不同，孟子讲"辞让之心，礼之端也"(《孟子·公孙丑上》)、"恭敬之心，礼也"(《孟子·告子上》)，在孟子那里，非如荀子一般将"礼"外化为外在的形式，而是更为强调道德内在性。不论是讲辞让，还是恭敬，孟子都是从道德心的层面去看待，而非拘泥于辞让与恭敬相关的具体仪节。

孔子与孟子皆是从心性出发，向内探寻，而荀子则不然。荀子虽然强调修身，但礼的道德根源却不是从内心开出的，荀子的礼侧重于外在的修身和经验层面上的应用。牟宗三之所以认为荀子所讲的礼义是"空头的无安顿的外在物"，也是因为荀子"只知君师能造礼义，庶人能习礼义，而不知能造能习礼义之心，即是礼义之所从出也"①。因此，尽管荀子言礼亦有"成于中，形于外"之含义，然就其整体来看，此种指向仍然比较隐微，荀子思想的全部仍以礼的客观性和外在性为主。

由此可以看出，孔孟荀之间礼学观念的转变：孔子之礼，特重礼之精神性，力图以高扬礼的精神性来挽救礼崩乐坏的状况，孟子"仁内义内"的内求路线，亦与孔子相得益彰，而荀子则特重礼的外部形式以及强制作用。荀子之进路与孔孟思想立足之处有根本不同，孔孟皆以仁为礼之内则，礼为外在展现，荀子则是将"礼"直接拉出，上升并提高至人道之最高准则，并重在彰显其社会政治层面的效用。这三种路线也基本代表了学界理解"礼"的三种路径。整体而言，孔孟强调的礼的精神性是必须由内心而发的，正如《礼记·祭统》所讲"内尽于己，而外顺于道也"。荀子则侧重在礼制的规范性，礼的根源建立在君师礼法教化的保证基础上。从《礼记》多数篇章的圣王教化思想倾向于荀子一系的情况看，荀子学派对《礼记》的影响至关重大。荀子的进路深

---

① 牟宗三：《名家与荀子》，收录于《牟宗三先生全集》第2册，台湾联经出版社2003年版，第170页。

远影响了后世强调礼在政治层面的作用,也影响了《礼记》的礼义解释,进而广泛影响了礼经学的礼义训解,于是孔孟所强调的礼之道德自主精神意义渐趋削弱。在荀子礼法的视域下,礼的精神主体意义被完全消解,工夫主体亦被消解,变成了被动的服从、接受与遵循。也正因如此,牟宗三先生和劳思光先生才会认为荀子的礼义法度只有工具价值,而无内在价值。[①] 荀子视"礼"为外部性的准则规范,是客观化的礼,设礼目的在于使儒者的行为举止合宜。由此可以看出,荀学是对从内在之心论礼的孟子进路的扭转。荀子对礼的客观意义和现实价值的肯定,使得礼在实践层面转向具体的切实可循。

## 第三节 "礼"的精神性与"克己复礼"诠释

前文笔者探讨了"礼"的精神性以及对孔孟荀讲礼的分判,回过头来再去看"克己复礼"一章的诠释问题,或可以更好地理解对于"克己复礼"这一命题诠释的关键之一,即在于对礼的精神性的主客观的分殊。

在此基础上,反观学术史上杜何二人对于"克己复礼"的诠释。时隔20余年后,杜维明复又对"克己复礼"问题做出新的回应。杜氏批判何氏有"明显的人文科学主义倾向","反对以修身来解释克己,而使用很严苛的限制性的禁欲来解释,这与儒家所讲的为己之学完全背离,而与法家相似"。[②] 何氏

---

① 牟宗三:《名家与荀子》,收录于《牟宗三先生全集》第2册,台湾联经出版社2003年版,第185页。原文为"能治之礼义法度唯是工具之价值,而无内在之价值,此则终不免于功利之窠臼。虽其功利出之于礼义,而礼义究不可以功利论,是则终不及孟子之照体独立内在于性分而见之者为高也。"劳思光:《新编中国哲学史(一)》,生活·读书·新知三联书店2015年版,第253—254页。原文为:"依儒学观念发展历程看,孔子为释'礼'之'本',故由义溯'仁',立'仁、义、礼'之统,其意义即在于以价值自觉为制度之基础。孟子之说,详论价值自觉为一切价值之源,故为补成孔子之说者。今荀子只识自然之'性'关照之'心',故不能在心性上立价值之源,又不欲取'法自然'之义,于是退而以'平乱'之要求为礼之源;如是,礼义之产生被视为'应付环境需要'者,又为生自一'在上之权威'者。就其为'应付环境需要'而论,礼义只能有'工具价值';换言之,荀子如此解释价值时,所谓价值只能成为一种'功用'。另就礼义生自一'在上之权威'而论,则礼义皆成为外在(荀子论性与心时,本已视礼义为外在);所谓价值亦只能是权威规范下之价值矣。"
② 杜维明:《建构精神性人文主义——从克己复礼为仁的现代解读出发》,《探索与争鸣》2014年第2期,第7页。

反对从广义的礼、文化等角度来解释"复礼",认为"礼"仅仅就是"周礼",从而"把重视因革损益的孔子看成保守的复古派"①。这表面看似追求历史事实,实际上是傲慢地对于古人的精神世界完全不能有同情的理解。因此,杜氏提出应该用精神性的人文主义来解读孔子的"克己复礼为仁"。"仁"作为内在的道德主体,以物随心转的方式行事,进而由内在主体建构礼、践行礼。仁是内在德性,礼在仁的基础上有了意义,仁在礼仪规范中得到了体现。②

关于杜、何之克己复礼论争,笔者认为,两人实各有侧重,带有浓厚的近世港台地区文哲学界训诂、义理之争的色彩,在某种程度上也是清代汉宋之争的延续。杜氏从仁学的角度诠释克己复礼,对孔子思想的把握大抵没有问题,但是对于经典字词的训解,采取何氏所谓"偏离字词"的方法,确实也不无商榷的余地。将"克己复礼"解释为"能己复礼",这是吸取明代心学家罗近溪的说法,然而在先秦文献中,"克"是否可训为"能",这是值得怀疑的。"克己"如果直接解释成"约己",即"以约失之者,鲜矣"的自我约束之意,此之严以律己难道不能视为一种自我醒觉的修身吗?《论语·子罕》中颜渊感叹"夫子循循然善诱人,博我以文,约我以礼"。显然,此之"约"并非孔子用礼法管束颜渊,也不是颜渊选择将礼法作为某种"规则制度"来消极遵循,这个"约"同样是自我约束,以礼乐修身之意。我们看孔子问宰我三年之丧,问的是"于女安乎?……女安则为之"。孔子谈礼乐,最为重视礼的道德内涵,而且其精神根源在于心,在于己,如孔子讲:"君子义以为质,礼以行之,孙以出之,信以成之。君子哉。"(《论语·卫灵公》)"义以为质,礼以行之"体现了孔子摄礼归义,此与孟子所言"仁内义内"若然相符。孔孟论礼,关于修身方面的讨论,往往具有内在的主观道德意识,这点我们去考察与克字同义的"约",就很清楚。孔子讲"耻",讲"行己有耻",同样是强调内省的道德自觉,并不是以耻字之感受屈辱的原字义作为其强调的重点,不是以耻辱为戒之义。此外,也只有在

---

① 杜维明:《建构精神性人文主义——从克己复礼为仁的现代解读出发》,《探索与争鸣》2014年第2期,第7页。
② 参见杜维明:《建构精神性人文主义——从克己复礼为仁的现代解读出发》,《探索与争鸣》2014年第2期,第8页。

道德层面去讲"礼",此章后文颜回请问其目的四项,才能够得到合理解释。四个"非礼"之"礼"都是从内心精神层面去讲,都是在内在道德价值判断的基础上,落实到具体的视听言动中去,而不是首先看到了外在不合礼仪的规范,再做出"勿"的行为。

何氏所据《左传》史料,训诂方面确实颇具参考意义,但其字词训诂后的诠解却不无问题。《左传》云:"仲尼曰:'古也有志:"克己复礼,仁也。"信善哉!楚灵王若能如是,岂其辱于乾豀?'"首先,这里记载"克己复礼"一词是"古也有志",可见"克己复礼,仁也"是句古语,但是,此处所讲的"克己"是不是何氏所言克制自己的"消极制约",这边的"礼"是不是"消极制约意义的礼",没人能断定。何以自律是一种消极制约?孔子又何时提过"消极制约意义的礼"?我们知道《礼器》谈到"先王之制礼也以节事,修乐以道志",《坊记》提到"礼者,因人之情而为之节文,以为民坊者也",《礼运》说"圣王修义之柄、礼之序,以治人情",《乐记》讲"先王之制礼乐,人为之节",都是特别强调圣王用礼乐教化人民的绝对权威,而这样的说法在《论语》《孟子》中是不被提倡的,孔子、孟子不会把礼乐的价值根据建立在圣王权威下,这种"圣王礼乐教化观"接近荀子的礼乐观。从孔孟荀论礼的比较看来,荀子的礼乐观或许符合何氏所谓"礼的消极制约意义"。此外,《左传》引用古语批评楚灵王,和《论语》中孔子勉励颜渊,语境明显是不一样的,《左传》的引用符合春秋时期"引言"断章取义的习惯,"克己复礼,仁也"只取"克己"之意。"克己复礼,仁也"虽然是句古语,但《论语》克己复礼一章,显然不是断章取义的引用,孔子后面接着讲:"一日克己复礼,天下归仁焉。为仁由己,而由人乎哉?"可见,这是对颜渊问仁的直接回答,两人讨论的重点在于论仁。

根据《论语》中"人而不仁,如礼何?""礼云礼云,玉帛云乎哉?""道之以德,齐之以礼,有耻且格""我欲仁,斯仁至矣""为仁由己"可以见得,孔子思想中的"仁"与"礼"无不具有积极正面的含义,孔子摄仁归礼,也是想告诉我们"礼"并不是束缚人的外在工具,而是顺人情、自我表达、推进个人内在修养的一种渠道,这也与《中庸》所讲的"斋明盛服,非礼不动,所以修身也"相一致。因此,克己复礼的"克",虽然训诂为"约",但此"克"为律己层面上的"自克",克己工夫即是积极的修身,克己复礼用"自我完成"的观念去诠释并不违背语意①,同时"克己"也没有必要往宋明理学"心体对治"问题的论争上去连结引申。

总之,面对周代世道衰微,纲纪废弛、道德隳堕的时代现状,孔子在反思所处时代问题的基础上,深刻地意识到,他所要解决的不是制度问题,而是人的问题。换言之,形下的制度不是最重要的,重要的是礼乐制度所承载的精神内涵,是人内在的"向善之心"。对"礼乐精神性"进行再探讨和对礼的道德内涵进行再挖掘,可以帮助我们更好地理解仁礼关系,理解孔子"摄礼归仁",并将"仁"与克己复礼勾连的深意,在于阐扬"礼"的精神意义,亦在于挽救春秋时期礼崩乐坏的危局,更在于实现"天下归仁"的伟大愿望。

孔子引古语强调"克己复礼"并非想要复归周礼,而是带有强烈的社会关怀和担当,借古礼发"思古之幽情",行道德呼唤之实。"人而不仁,如礼何"与"克己复礼为仁"展现了仁德的两个方面:一方面,"礼"的实践需要以仁心为根本,如此一来,作为行为规范的礼就不是虚设或强加于自身的制度,换句话说,礼的外在制度所建立的秩序合法性来源于仁心,而不是外在的约束力;另一方面,礼制的存在亦在于规范行为、克制私欲从而呈现德性本我。因此,从这两个层面来讲,仁与礼是相互成就、相辅相成的。对孔子而言,仁礼关系或许不仅仅是新儒家所讲的"摄礼归仁"的关系而已,"仁"本身正是孔子礼论的精神意义之所在。在分析"礼"的精神意义的基础上,我们会发现虽然"克己"一词包含约束义,但并不妨碍"复礼"的积极含义。在孔子那里,最理想的礼,本就不止于制度性的层面,在他看来更重要的是自觉的发自内心的道德。换言之,在孔子那里,礼完成的同时也就是仁的完成和显现。"复礼"不能表面地解释成恢复制度性的礼法,而应该把"礼"看作道德的代称,应该解释成回归到道德,回归生命本然的道德状态。在此意义上,便可消解"克己"一词对礼的约束性的不当解读,也可以强调复礼的关键意义,同时杜、何二人的争论在此层面上亦得到调和。

---

① 刘述先:《从方法论的角度论何炳棣教授对"克己复礼"的解释》,《二十一世纪》1992年第9期,第140—147页。

# 第三章
# 汉魏时期"克己复礼"诠释及其特色

## 第一节　汉魏《论语》学及注说特色概述

钱穆《国学概论》曾讲:"论一时代之学术者,首贵乎明其思想之主潮之所在,此固也。然参伍错综,有其新苗,有其旧遗,旁衍横溢,潜兹暗长于时代主潮之下,而与为推迁,逮夫时换代变,风尚翻新,则此潜滋暗长者,乃跃起而为新时代之归向。"①

汉唐时代,研究《论语》的专著见于著录者共百余部。综观史志与公私家藏书目,不难发现,先秦以后,关于《论语》的注解汗牛充栋,而透过分析《论语》学者们在历代不同的解经思想,对于我们了解儒家传统思想在历史上的纵深,以及了解不同时代经典的诠释趋向,具有十分重要的意义。在孔子确立儒家学派以后,"仁"随即成为儒家哲学的核心概念,透过后儒的不断传承与发扬,"克己复礼为仁"逐渐成为中国儒学工夫论的重要议题。东汉儒者,特别是郑玄(127—200)扎根今古文,遍注群经,打破了今文经学口说相传的学术传统,促成了经典诠释模式向章句训诂的转换。清末学人程树德(1877—1944)在《论语集释》中把"克己复礼"一章看作"汉学、宋学之争点"。② 因此,如若要更深入地了解汉宋之争,掌握其中争论点所在,就必须先对汉代"克己复礼"的诠释有所了解。

---

① 钱穆:《国学概论》,商务印书馆1997年版,第163页。
② 程树德:《论语集释》,中华书局1983年版,第818页。

随着汉代大一统的实现,道德与政治的关系也随之调整。以汉武帝广设博士为主要标志,西汉大力推广弘扬儒术,上起太学,下到郡国,都兴起了经学研究的热潮。在这样的社会背景之下,儒学作为意识形态登上历史舞台,激发了儒者对于道德政治的思考,儒学经典诸如《尚书》《春秋》等的诠释著述都非常丰富,蔚为大观。与此同时,在汉代强大皇权的羽翼下,儒学发展呈现出强烈的政治色彩,如郑玄对《论语·雍也》中"雍也,可使南面"一句进行解释时,将"南面"解释为"言任诸侯之治"[①],此原为孔子称赞雍也之语,认为其德行高尚可以担当天子重任,"南面"一词亦本为"做天子"之义,而此处郑玄却将其解为任诸侯治之,可见在政治权威之下,孔子的德治思想不可避免地受到一定的曲解。同样,东汉赵岐的孟子注亦存在此类情况,如对孟子"大人者不失其赤子之心"一语,赵氏将"大人"解释为"国君",而此句的解释便成为"大人谓国君,国君视民,当如赤子,不失其民心之谓也"[②]。显然,赵氏将"大人"解为"君主",凸显了强烈政治色彩的同时,大大限缩了该词本身所具有的普遍性含义。由此可知,汉代儒者在儒学本身与专制政权两者急剧紧张强化的关系中艰难维持,儒学的发展亦渐渐偏离孔孟修身之学的本然面貌。

隋唐时期《五经正义》的出现,又伴随着科举制度的推动发展,经典的解释权渐趋为官方所掌握,这在一定程度上致使《论语》的诠释渐趋走向单一,著作亦显著减少,近 400 年才有 10 余部。而两宋时期,随着儒学地位的恢复,《论语》学亦获得了长足的发展,在 300 余年间见于著录的《论语》研究专著,多达 250 余部。而就思想层面来讲,《论语》学在不同的时期展现出不同的特点,这也启示我们要把"克己复礼"的诠释问题放到《论语》学的整体发展中去看,在不同的时代亦显现出不同的面貌。同样,历代对于《论语》的诠释与再诠释,也正是中国儒学发展经久不衰的源头活水。

相对于先秦时期孔孟二人所建立的自主道德体系,汉唐儒者大都倾向"礼法教化""尊君隆礼"的路线,偏离了孔孟本初的道德自觉路线,进而对后世经典文献的解读产生了巨大的导向作用,这在对《论语》一书的诠释,特别

---

① 程树德:《论语集释》上册,台湾艺文印书馆 1965 年版,第 316 页。"礼记""檀弓"引郑玄注。
② 焦循:《孟子正义》,河北人民出版社 1988 年版,第 327 页。

是对"克己复礼"的诠释中亦有特别的显现。如唐代孔颖达在解"克己复礼"的时候讲:"复,反也。身能反礼则为仁矣。……行善在己,不在人也。"又讲:"克者,约也,己,身也。复,反也。言能约身反礼则为仁矣……人君若能一日行克己复礼,则天下皆归此仁德之君也。一日犹见归,况终身行仁乎。"[①]此处将"克"解为"约",强调约束之意,"己"为"身",显然并未对"身"做进一步区分,粗略地认为"反归于礼"即为仁。虽只有简短的只言片语,但仍能看出孔颖达对于复归于礼的强调,认为言行复归于礼,即可合乎仁德,长期坚持,定能取得一定的成效。这实际上突显的是礼制的约身之意。

三国时期玄学家何晏的《论语集解》援引东汉马融之说,将"克己"解释为"约身",同时又援引西汉孔安国之说来解释"复礼","复,反也,身能反礼,则为仁矣"。而自西汉孔氏将"克己复礼"解为"约身反礼"之后,这种以外在客观的礼乐制度为标准去约束个体行为的理解方式,在三国时期甚至后来的时代中亦获得了肯定和沿用。

在孔安国将"克己复礼"诠释为"约身反己"后,后世更渐趋强调礼的约束意义,并将这一概念理解为以外在的习俗规范去约束个人行为,进而孔子讲仁的目的也被理解为为了恢复周朝礼乐秩序,而尝试以仁的伦理意涵,来为"复礼"做理论奠基。这种倾向在当代被再次加强,尤其是近年兴起的美国新实用主义儒学,将"礼"神圣化,把"礼"理解为"神圣性的礼仪",视为人存在的本质,并主张传统儒家将回归周礼作为宗旨,进而在此基础上质疑儒家"道德自主性"的存在。比如,芬格莱特曾说:"'礼'这个词的本义接近我们西方说的'神圣的礼仪'(holy ritual)或'神圣化的仪式'(sacred ceremony)。孔子思想的特征便是使用'礼'的语言和意向作为媒介,在礼仪活动中来谈论道德习俗的整体。"[②]可以看出,芬格莱特将礼神圣化,认为礼仪是第一性、不可化约的,个体经由礼仪彰显人性,人性从而得以鲜活地展现。芬格莱特甚至进而

---

① 何晏注,邢昺疏:《论语注疏》,李学勤主编,《十三经注疏》整理委员会整理,北京大学出版社2000年版,第157页。
② 赫伯特·芬格莱特:《孔子:即凡而圣》,彭国翔、张华译,江苏人民出版社2002年版,第6页。

认为"存在的本质便是礼仪"①,在此基础上,芬格莱特所理解的"克己复礼"变成了约束自己,并按照礼仪规定行事。他说:"如果所有人都'克己复礼',那么,全部所需要的——紧扣字面的意义来说——就是在恰当礼仪情境中的一种最初的礼仪姿态,从那以后,一切都会依之而'发生'。"②

芬格莱特的问题在于他主张"克己复礼"就是单纯地返归到神圣的礼中去,但是他忽略了仁者爱人的根本性道德伦理。而马融虽然没有把"礼"放到神圣的层面去讲,但亦是主张应该返归到习俗规范上去,用礼仪制度去规范、约束个体,其并没有意识到,孔子并不是文化复古主义者,绝非单纯想要退回周代,以周代礼俗去治理的人。孔子的礼论,实际上是想要透过道德层面的反思和批判去重新构建一个合理和谐的社会秩序。

## 第二节 "礼,体情而防乱者"
### ——董仲舒"克己复礼"解

汉代大一统的政治体制对于经典的诠释有一定的导向作用,随着后世统治的逐渐完善并加强,这种以礼乐制度约束个体的实践要求,亦渐趋被理解成孔子借由"仁"的伦理特性,实则是为了恢复礼乐制度。

西汉初期对于"礼"更多地是从礼制层面去讲,以董仲舒(前179—前104)为主要代表,董仲舒在中国思想史上有承上启下之重要地位,上承孔子之学,下启汉唐。董子学术以仲尼为宗,常称引孔子之言以述己志,并结合春秋学之内容,形塑完善自身大一统之政治论述。

韦政通先生认为,董仲舒所讲之礼有三个层面理论意涵,分别是成就道德人格的资具,维系社会关系、等级的制度,防乱的工具。③ 此三个层面概括了董氏礼学的基本内涵。首先,董仲舒认为:"礼者,继天地,体阴阳,而慎主

---

① 赫伯特·芬格莱特:《孔子:即凡而圣》,彭国翔、张华译,江苏人民出版社2002年版,第13页。
② 同上书,第8页。
③ 韦政通:《董仲舒》,台湾东大图书公司1986年版,第19—22页。

客,序尊卑、贵贱、大小之位,而差外内、远近、新故之级者也,以德多为象。"①董氏把礼看作上承天道,下体阴阳,外展尊卑贵贱、亲疏远近的等级秩序,其目的主要是发挥礼在社会治理层面的作用,因此他又强调"故君子非礼而不言,非礼而不动。好色而无礼则流,饮食而无礼则争,流争则乱。夫礼,体情而防乱者也"②。由此可见,董仲舒将"克己复礼"章所讲非礼四条目看作避免争斗、体情防乱的具体方式,因此这就要求君子必须做到进退容止,尊礼而行。

对于人我分际,孔子讲:"君君、臣臣、父父、子子。"(《论语·颜渊》)至孟子则讲:"父子有亲、君臣有义、夫妇有别、长幼有序、朋友有信。"(《孟子·滕文公上》)孔孟都强调人伦秩序。董仲舒上承孔子又有发展,他说:"子受命于父,臣受命于君,妻受命于夫。"③可见,在董子那里,人我关系变成一种等级遵从关系,甚至进一步援取《周易》的"阴阳"与"天命"概念来赋予这种关系以合法性,他说:

> 天下之尊卑随阳而序位;幼者居阳之所少,老者居阳之所老,贵者居阳之所盛,贱者居阳之所衰,藏者言其不得当阳;不当阳者,臣子是也;当阳者,君父是也。故人主南面以阳为位也,阳贵而阴贱,天之制也。礼之尚右,非尚阴也,敬老阳而尊成功也。④

由上可见,董氏认为世间尊卑皆由天命所定,处阳位则地位尊贵,处阴位则地位卑下,不仅将孔子所讲君臣正位,各安其正的思想政治化,更为封建君主政治制度的巩固提供了理论依据。

因此,我们可以说,董仲舒更侧重强调礼在巩固社会稳定层面的作用,也正因如此,董仲舒才不胜其烦地多次重复:"礼者,继天地,体阴阳,而慎主客,

---

① 苏舆、董仲舒:《春秋繁露义证》,钟哲点校,中华书局1992年版,第275—276页。
② 同上书,第469页。
③ 同上书,第412页。
④ 同上书,第336—337页。

序尊卑、贵贱、大小之位,而差外内、远近、新故之级者也。"①

然而,我们也不能否认的是,董仲舒同样重视"礼"之内涵,强调礼之"志",他在《玉杯》中讲:"礼之所重者,在其志。志敬而节具,则君子予之知礼;志和而音雅,则君子予之知乐;志哀而居约,则君子予之知丧。故曰:非虚加之,重志之谓也。志为质,物为文。文著于质,质不居文,文安施质?质文两备,然后其礼成。"②可见,董仲舒强调礼的"文"与"志"两个层面,也就是义理与形式的相辅相成。尽管董氏亦强调德性,然其所讲之德性仍是从政治层面讲,德性的彰显亦有赖于并落到政治层面,强调由"德性"转化为"德治"。在董子那里,先秦诸子以道德主体为中心的思想体系,完全转化为以政治为中心去落实德治。

在了解董仲舒对于"礼"的三个层面的内涵之后,再来看其对于"克己复礼"的诠释。董仲舒虽无《论语》诠解专著,但我们在其著作中的相关论述中亦能看出其对于"克己复礼"这一命题的诠释立场和态度,是明显落在社会政治层面上的。"故君子非礼而不言,非礼而不动,好色而无礼则流,饮食而无礼则争,流争则乱。夫礼,体情而防乱者也。民之情,不能制其欲,使之度礼。目视正色,耳听正声,口食正味,身行正道,非夺之情也,所以安其情也。"③可见,董仲舒把"礼"看作防乱维稳之手段和工具。

由上可以得出以下结论,董仲舒延续了荀子论"礼"的社会性,而对于礼的道德意涵则较少论及,尽管董仲舒亦强调德性,但其强调德性的目的在于德治,因此必须与孔孟从本身出发,强调自我主体性的挺立的第一性区分开来。董仲舒对"礼"的政治意涵的强调直接影响了东汉马融和三国时期的何晏,而汉代把"礼"作为维持社会秩序和道德规范的礼制去诠释的这一定调,亦为后世"汉宋之争"埋下了伏笔。

以董仲舒为代表的汉代儒者的此种政治进路之解经路线,受到了后世南宋儒者杨简(号慈湖,1141—1226)的猛烈批评,他在《家记八·论诸子》中说:

---

① 苏舆、董仲舒:《春秋繁露义证》,钟哲点校,中华书局1992年版,第275—276页。
② 同上书,第27页。
③ 同上书,第469—470页。

第三章　汉魏时期"克己复礼"诠释及其特色

自孔子殁而大道不明，自曾子殁而道滋不明。孟子正矣而犹疏，荀卿勤矣而愈远。董仲舒号汉儒宗，而曰："道者，所繇适于治之路也，仁义礼乐皆其具也。"又曰："仁义礼智信，五常之道，王者所当修饬也。五者修饬，故受天之佑。"呜呼！异乎孔子之言道矣。自知道者观之，惟有嗟悯！而自汉以来，士大夫学识略同。孔子曰："谁能出不由户？何莫由斯道也！""由户"，为喻尔。"何莫由斯"，正实无瑕。仲舒支离屈曲，不知仁义礼乐乃道之异名，而以"具"言，则离之矣。不知仁义礼智信皆人心所自有，不假修饬。《皋陶谟》："慎厥身，修思永。"修其永永不变者。仲舒所言修饬，能永乎？仲舒曰："陛下设诚于内而致行之，则三王何异哉？"禹曰"安女止"，谓人性本静止，安之不动而已矣，何以设为？文王"不识不知"，何以设为？①

杨慈湖从三个方面对董仲舒展开了详细、深入的批判：第一，杨氏认为孔子之后，大道不明，虽有孟子等人接续，然仍有虽正犹疏之憾，而以董仲舒为儒宗的汉代儒者，皆不能正确把握圣人之意；第二，杨氏对董仲舒从政治角度解孔子"道"论展开了具体批判，慈湖认为董仲舒不仅消解了五常之道在道德层面的意义，还将之完全转化成治国者"体情防乱"的治国手段和凭借；第三，董仲舒不明仁、义、礼、智、信五者皆为本心所具，因此不于本心做修饬工夫，反而是"支离屈曲"从外在工夫去把握五常之道。此种偏离本心的工夫路线最终难免落入支离不正之弊。可以说，杨慈湖的批判，在一定程度上展现了其对汉代儒者诠释儒家经典的理路及其流弊的把握，以及在工夫路线上与汉儒的鲜明对立。给我们理解董仲舒的解经理路提供了一个思考维度。

董仲舒熟稔古礼，对于古代礼制有精深研究和涉猎，将礼在社会秩序层面的作用发挥和利用得淋漓尽致，"礼"在董子那里彻头彻尾地成了维护统治和社会稳定的政治工具。董仲舒学术的政治化倾向和经世色彩，亦贯彻于他对"克己复礼"的诠释中，可以说由内及外完全是从政治层面去解读。而这一

---

① 杨简：《慈湖先生遗书》，收录于《杨简全集》第8册，董平校点，浙江大学出版社2016年版，第2174页。

解读方式对于后世有着直接而深远的影响,在董仲舒之后,董子政治化解读的强烈影响及博士制度的加持,使这种解经方式成为一种固定的模式,使得经学诠释逐渐僵化,礼也愈加外化成为形式和制度,以至于后世解"礼"渐趋着眼于礼的制度层面而非精神层面,致使礼本身内在的宏大浑厚的精神渐趋隐没,礼的精神意义亦渐趋薄弱消亡。与此同时,这也最终导致了魏晋时期自由玄风的兴起。

## 第三节 魏晋玄谈与何晏"克己复礼"解

自魏晋以来逐渐涌现《论语注疏》等论语学著作,同时,论语义理内涵逐渐受重视以及魏晋整体解经思路的巨大转换,应该是此章将魏晋时期《论语》解拿出来单独考察的主要原因所在。

魏晋时期的士子们处在政治动乱、民生凋敝、道家思想繁盛的时代,尤其是曹魏正始年间,谈玄论道之风兴起,魏晋儒者们愈加关切个体自我的发展以及安身立命,也因此去往儒道经典中汲取精神滋养,对于《论语》中所记之圣人言行亦格外关注,对于仁礼制度、克己约身等都形成了异于前代的观点,成果可观,颇值得关注与研究。与此同时,在"聃周当路,与尼父争涂"[1]的时代氛围下,士子们能否挣脱时代思潮的笼罩和局限,跳出玄学况味而直面儒家经典本身,是否会"以玄解经",这些都是值得去思考和关注的。

对于魏晋时期的学术,汤用彤(1893—1964)先生曾如此评价:"汉魏之际,中国学术起甚大变化。"[2]又讲:"汉魏之际,中华学术大变,然经术之变为玄谈,非若风雨之骤至,乃渐靡使之然。"[3]确实,从学术形态上讲,由汉至魏经历了由经术到玄谈的转变,魏晋学术往往辞旨玄妙,不守旧常,不仅与汉儒异趣,使得汉代儒家师旨荡然无存,而且深刻展现在《论语》的诠释上。

---

[1] 刘勰:《文心雕龙·论说篇》,凤凰出版社2011年版,第77页。
[2] 汤用彤:《魏晋玄学论稿》,上海人民出版社2015年版,第3页。
[3] 同上书,第69页。

余敦康(1930—2019)亦曾提到,魏晋时期的哲人,具有深沉的时代忧患意识,他们崇尚思想解放、个性自觉的人格。诚然,魏晋时期的玄学家们,在承受着生存困境和悲惨命运的重重压力下,试图从精神上去寻求一条在体认自我生命的过程中探索天人新义的道路。因此玄学家们多从个体作为独立性存在的角度去研究学术和解读学术,完全抛弃了原有的从知识论角度入手的僵化模式。

此外,魏晋名士之所以有融合儒道的倾向,是因为客观上具备了很好的外在条件,在早期自然与名教的辩论之风的熏陶渐染中,逐渐致力于调和儒道。王弼(226—249)以自然为本,强调名教出于自然,合乎自然的礼法才是真正的名教。例如,王弼在注解《论语·八佾》"礼之本"一语时即有鲜明的调和儒道之特色,他说:"时人弃本崇末,故大其能寻本礼意也。"①此处,王弼显然认同礼内涵的精神义才是根本,因此他才评判当世儒者本末倒置,多崇礼制而弃本,因此孔子才会呼吁"寻本礼意",才称赞林放之问为"大哉问"。王氏显然赞成孔子所讲,此处亦强调要推举礼乐之本,同时又统合本末。而王弼最终要证明儒家的"礼"所强调的"敬"与"和"本身亦是符合道家所讲的"道法自然"。因此,尽管王弼所著《论语释疑》仅存47则,然我们依然可以看到他是如何在"以无为本"的理论基调下,对《论语》的一些文本的诠释进行意义转换的。

与王弼相比,郭象(252—312)则更进一步,直接肯定名教即自然,礼法本是出于自然的一部分,在此基础上统合儒道。从两人致力于强调儒道调和的努力中,我们可以看出,名教与天道,二者各有所侧重,而又有相同的地方,都是建立在天道与仁道相互贯通这一基础上,正是这一基点,才是儒道两家对话的基点与落脚点。

从著作层面看,魏晋时期的著名玄学家普遍非常关注儒家经典,且大多著有《论语》学研习著述,如何晏《论语集解》、王弼《论语释疑》、郭象《论语体略》、皇侃《论语义疏》等都广为人知。从内容上看,玄学家们多兼顾内圣之道

---

① 何晏集解,皇侃义疏:《论语集解义疏·八佾》,商务印书馆1937年版,第29页。

与人格本体两者,提出了在现在看来仍非常有创造性的诠释,极大地丰富和拓展了《论语》的思想内涵,亦造就了魏晋时期特有的学术特色。而当他们从玄理与人格本体的角度去为《论语》这部儒家经典作注脚的时候,是否能够完全摒除玄理旨趣的影响,而完整准确地呈现《论语》真意,这仍然值得进一步探讨。以下便以何晏论语解入手,去窥探魏晋"克己复礼"解之一角。

从学术史的角度去看,两汉经学向魏晋玄学转变的过程中,特别是东汉末年到曹魏正始年间,经学史上发生了著名的今古文经学之争,郑学与王学的对立,在这个过程中亦包含儒学正统地位之丧失、先秦诸子学的短暂复兴等变化过程。而在此之后玄学之风随即兴起,表现为儒家经典的阐释上的汉代训诂与魏晋义理的博弈,同样,对《论语》的注释理路的转换亦非常鲜明,汉儒崇尚仁德,而魏晋时代以王肃(195—256)为代表的义理派则偏重礼教和礼法。而何晏则在儒、道两家的学说融通的基础上开出本体思想。

何晏作为玄学宗师,在注解《论语》时仍紧扣孔子原旨,他在解释孔子"学如不及,犹恐失之"一语时,如此讲道:"学自外入,至熟乃可长久。如不及,犹恐失之。"[①]学术浸淫,要在长久,才能化为己用,否则常会有忘失之忧。根据《〈论语集解〉序》中所讲,集解中所援引诸解,都是经由何晏筛选,得出"诸家之善",而认为不合意之处则加以修正,"有不安者颇为改易"[②]。

道家讲"无为而治",而"无为而治"并非道家专有词汇,《论语·卫灵公》里孔子曾称颂舜帝的统治为"无为而治"。在孔子那里,无为而治本质上是一种德治。对于儒道兼通的何晏来讲,这一命题无疑是个非常重要的课题。他在注释《论语》"为政以德"一章时,曾引用东汉经学家包咸(前7—65)的注释:"德者无为,犹北辰之不移而众星拱之。"[③]那么在何晏那里如何理解"无为而治"呢,是否与其"克己复礼"解释内在一致?

何晏的玄学特色首先体现在其对"道"的理解上,其玄学特色学界已经有

---

① 何晏注,邢昺疏:《论语注疏》,李学勤主编,《十三经注疏》整理委员会整理,北京大学出版社2000年版,第117页。
② 同上书,第7页。
③ 同上书,第15页。

详尽之研究。在此仅略举两例,比如他说:"夫道者,惟无所有者也。自天地以来,皆有所有矣……"①"有之为有,恃无以生;事而为事,由无以成。"②可见,何晏从"无所有"的角度去讲道,天地万物是从无到有的过程,有恃无而生,事由无而成,将天地万物的本源,归结为虚空,从具体经验层面超拔出来,提升到超越经验、超越语言的层次。同样,对于体道方式,何晏亦从虚空层面去讲,比如,在解释《论语·先进》"回也其庶乎,屡空。赐不受命,而货殖焉,亿则屡中"时,何晏引"虚中"一语作出别样的解释,他说:

> 屡犹每也,空犹虚中也。以圣人之善道,教数子之庶几,犹不至于知道者,各内有此害。其于庶几每能虚中者,唯回怀道深远。不虚心,不能知道,子贡无数子病,然亦不知道者,虽不穷理而幸中,虽非天命而偶富,亦所以不虚心也。③

何晏认为圣人善道,教弟子要通过"虚中"来"知道"。然而能够做到"虚心知道"的人少之又少,尽管子贡通过经商致富,然其并非天命所致,何平叔认为是"不虚心"的缘故。何晏所谓"虚心",乃为在内心层面虚无化,保持与道一致的状态,在此基础上悟道,与老子所讲"虚其心"相似。从何晏援引道家概念去解《论语》体道方式,可以看出何晏认为儒道两家本身有共通的地方。

何晏解"克己复礼"则援引东汉马融"克己约身"解,强调为仁由己不由人。其云:"马曰:'克己,约身。'孔曰:'复,反也。'身能反礼,则为仁矣。"④这里的"反礼"实际上就是"约己"的工夫,突显的是礼制对于道德工夫的约束功能,"反礼"说的就是约束自己回到道德礼仪的规范。如此对于"克己复礼"的诠释,未免使得个人的道德主体流于被动消极,仁体在道德工夫的积极意

---

① 张湛注,卢重玄解,殷敬顺、陈景元释文:《列子》,陈明校点,上海古籍出版社2014年版,第105页。
② 同上书,第9页。
③ 何晏集解,皇侃义疏:《论语集解义疏·先进》,商务印书馆1937年版,第152页。
④ 同上书,第161页。

义也完全丧失。何晏的克己复礼解释,也呈现了汉魏经学递相传述、紧密相承的一面。

综合以上,何晏在构建其本体思想的时候,有援引《老子》思想之倾向,虽然这使得其整个学术思想充满道家色彩,但通过上文分析,我们可以知道,何晏引道家思想作为诠释儒家经典的工具,其最后的落脚点仍然是在儒家范畴内,主张选贤任能、治国平天下的政治理想。其"克己复礼"解亦充满了儒家色彩。儒道的分别在于,对人伦秩序的建立与价值意义的不同判定,因此,我们可以看出来,何晏在寻求儒道融合过程中所作的努力,以及其对于儒家人伦规范的肯定,这也是他区别于以往道学家的原因所在,此种援道入儒的学术风格极大地推动了儒道的思想融合。

## 第四节 "责己复礼"——皇侃"克己复礼"解

皇侃(488—545)作为生跨齐、梁二代的经学家,精通"三礼"、《孝经》与《论语》,在仕途与学术上均建树颇丰,较著名者当属《论语义疏》《礼记义疏》。然而遗憾的是,皇侃的著作在后世大都亡佚,唯《论语义疏》从海外传返中国,另还有少部分学者辑佚,然从其仅存的文献中,吾人亦能一窥皇侃的学术风貌。

由于皇侃著作散佚,当前对于其思想的研究亦有局限和困难,因此对于皇侃"克己复礼"诠释的研究只能通过综合分析其现有论述去辨析发现。所幸的是,仅存的文献中仍有大量内容涉及儒学当中"仁"与"礼"两个重要的哲学范畴,因此给我们探究其如何诠释"仁"与"礼"提供了方便。

以"玄妙"为著述特色,是当前学界对于皇侃《论语义疏》的一个总体评价。清代陈澧(1810—1882)在其《东塾读书记》卷二《论语》篇讲:"何注(论语)始有玄虚之语……自是以后,玄谈竞起。"[1]何晏、王弼注开玄谈之风,此

---

[1] 陈澧:《东塾读书记》,上海古籍出版社2012年版,第20页。

后玄谈之风随之兴起。皇侃《论语义疏》中所收孙绰、李充、郭象等人的论语解注文均带有强烈的玄学特色。因此陈澧认为皇侃《论语义疏》所收录的论语注文:"皇氏玄虚之说犹多。"①而如果深入文本,就会发现,皇侃《论语义疏》一书虽然收录了前贤诸多解释,呈现出一种杂糅感,亦因其多引王弼等诠解而被以为有玄妙之风,但笔者试图从皇侃对"礼"与"克己复礼"的解释为突破口,去看皇侃思想本身,力求跳出诸家解释而展现皇侃思想的原本风貌。此外,汉魏以来,学术界普遍受到郑玄与王肃礼学争论的影响,而皇侃又是如何去回应和理解这一礼学思潮? 皇侃所在时代,虽然佛教较为流传,然玄风依然流宕。在这个背景之上,他又是如何对"克己复礼"作解释的,以下即从皇侃"礼论"着手展开论述。

皇侃《礼记义疏》虽然留存不多,仅有448条,但其中涉及《礼记》的篇目多达44篇,且内容涵括制度、礼法的各个层面。从其"礼以敬为主""礼之本、贵在奢俭之中"的论述中可以看出,皇侃不仅熟知各种祭祀、礼法等制度层面的内容,亦非常强调礼内在涵括的精神意涵。同时,其亦有强调礼在治国层面的论述,例如他讲:"礼有三起,礼理起于大一,礼事起于遂皇,礼名起于皇帝。"②又讲"礼让以治国"。皇侃论礼涉及本体论等诸多层面,这也从侧面表现出皇侃礼论本身的丰富驳杂。以下首先着重从《礼记义疏》现存篇目看,皇侃对于"礼"这一概念的具体疏解和分析。

对于"礼",皇侃简明直接地指出:"夫礼者,经天地,理人伦。本其所起,在天地未分之前。故《礼运》云:'夫礼,必本于大一。'是天地未分之前已有礼也。礼者,理也。其用以治,则与天地俱兴。"③在皇侃那里,礼本于大一,上经天地,下理人伦,皇侃通过将礼与天理挂钩,在本体论层面赋予礼以合法性。皇侃强调"礼理起于大一",立足于宇宙生成论,将礼之来源归结到天地大化流行之理则,进而统合自然与社会的统一。皇侃此种讲法承自《礼记》本

---

① 陈澧:《东塾读书记》,上海古籍出版社2012年版,第21页。
② 孔颖达引皇侃语。郑玄注,孔颖达疏,黄侃经文句读:《礼记正义》,上海古籍出版社1990年版,第4页。
③ 同上书,第3页。

身,《礼记·礼运》曾讲:"夫礼,必本于大一,分而为天地,转而为阴阳,变而为四时,列而为鬼神。"《礼记》中本就有将礼统合自然与社会秩序来讲的传统,都展现了对于天人关系的关切,也奠定了儒家关注天人的礼学传统。

又如,皇侃在解释《礼记·礼器》"礼也者,合于天时,设于地财,顺于鬼神,合于人心,理万物者也"一句时讲:"有圣人制礼得宜,故致天时有生,地理有宜之等。"[①]他并非单纯想要指出四时变换、万物流转皆通过圣人所制之礼而实现,而想要强调的是,圣人以其至高的德性,体天地万物之变,其所制定之礼和制度则势必皆能符合和顺应万物性分,同时亦合乎人心,达到天地万物浑然同体和谐的状态。

对于礼的本质,皇侃亦有诸多论述,在解释《论语·学而》"恭近于礼,远耻辱也"时,皇侃明确提出"恭是逊从,礼是体别"[②],他说:"若逊从不当于体,则为耻辱。若逊从近礼,则远于耻辱。逊从不合礼者何?犹如逊在床下,及不应拜而拜之属也。"[③]皇侃在探讨"敬"与"礼"的关系的同时,强调了"礼是体别",此语虽是皇侃原创,然实际源自《礼记·礼器》里"礼也者,犹体也"一语,意在表明不同的规范制度形成了一整套礼体,给人们不同的行为提供了不同的规范和表达方式,因此,在践行"恭逊"之时,也必须在合乎礼仪的规范之内。皇侃虽然强调了恭逊的重要,但同时警醒补充,如若谦逊不当、不合乎礼,亦容易招致耻辱。孔子讲"恭近于礼"的意义在于,恭敬谦逊的态度是合乎礼义的内在要求,而"礼是体别"则在于不同的场合所需要遵循的礼仪规范制度不同。因此,一方面外在的礼制提供了不同的方式去适应不同的需要,另一方面又必须有合乎度的谦恭,只有两者相合才能使得"礼"的意义完整地呈现。也正因为如此,皇侃十分认同孔子所言"恭而无礼则劳"(《论语·泰伯》)一语,并强调"此章明行事悉须礼以为节也,夫行恭逊,必宜得礼,则若恭而无礼,则逊在床下,所以身为自劳苦也"[④]。他认为只有合宜的礼,才能在

---

① 参见陈金木:《皇侃之经学》,台湾编译馆1995年版,第342页。
② 何晏集解,皇侃义疏:《论语集解义疏·八佾》,商务印书馆1937年版,第11页。
③ 同上。
④ 皇侃:《论语义疏》,高尚榘校点,中华书局2013年版,第128页。

行事中达到恰如其分的效果,高下各得其宜。因此,可以看出,皇侃此处强调"礼是体别",其所讲的礼仍然分为"礼仪"与"礼义"两个层面,他同时强调"恭"与"礼",认为二者互相成就,不可偏废。

"论三年之丧"是孔子与宰我之间发生的非常有名的对话,皇侃在集解中对"汝心安否"也有特别的阐述,他说:

> 言夫君子之人居亲丧者,心如斩截,故无食美衣锦之理。假令食于美食,亦不觉以为甘,闻于《韶》《武》,亦不为雅乐,设居处华丽,亦非身所安。故圣人依人情而制苴粗之礼,不设美乐之具,故云"不为也"。
>
> 仁,犹恩也,言宰我无恩爱之心,故曰"予之不仁也"。①

与孔子不同,宰我显然更强调礼的形式和功用,他认为三年丧期过长,礼乐荒废,不利于社会教化,而孔子则更关注礼的本质,所以才会进一步质问宰我是否心安,强调丧礼的根本在于"心安"与否。从孔子对身所安、心所安这二者的区分对比中,可以看出,孔子谆谆之言中所想要提醒宰我的是要体知并保有内心的仁爱。而皇侃显然亦关注到了这一点,才会在最后强调宰我之不仁,认为圣人顺依人情制定苴粗之礼,而居丧期间,即使有锦衣玉食,雅乐相伴,身亦无所安,而宰我之所以觉得丧期过长,皇侃认为根本原因在于其内心不怀"恩爱之心"。皇侃认为,圣人依人情制礼,意在各种状况顺应人情并使其得到合理的展现。可见,对于"礼",皇侃更为看重其背后内在的"恩爱之心""仁心",一旦内在仁心具备了,外在的礼便会顺随人情而自然显发,自然就不会成为负累。

又如,皇侃在解释《礼记义疏》中"化不时则不生,男女无辨则乱升,天地之情也"(《礼记·乐记》)一句时,强调"天地无情,以仁心而谓之尔"②。《乐记》此句,本意在于强调万物之化生皆随顺天地四时,此是天地之内在规律,而皇侃此处从仁心去解天地之客观规律,复又提出天地之变,其意亦在于引

---

① 皇侃:《论语义疏》,高尚榘校点,中华书局2013年版,第317—318页。
② 郑玄注,孔颖达疏,黄侃经文句读:《礼记正义》,上海古籍出版社1990年版,第675—685页。

导人情,在于"便使人情从之也"①。

需要指出的是,皇侃所讲之"礼"虽有本体意涵,然与王弼玄学仍有所区别。尽管皇侃在诠释"林放问礼之本"时援引王弼之注解,然二人已有明显区别。皇侃讲:

> 林放能问礼之本,故美其问而称之"大哉"也。故王弼云:"时人弃本崇末,故大其能寻本礼意也。"……礼之本,贵在奢俭之中,不得中者皆为失也。……凡丧有五服轻重者,各宜当情,所以是本。若和易及过哀,皆是为失。②

孔子讲"礼,与其奢也,宁俭;丧,与其易也,宁戚"(《论语·八佾》),一向强调人情与礼仪的中道契合,认为过犹不及。同样,在皇侃这里亦延续孔子之意,强调礼之本在于"得中",在于"各宜其情"。显然,此处皇侃所讲的礼与王弼从礼之本体义的玄学进路相异,而是仅从随顺人情、得中的角度去讲。

此外,皇侃在强调礼之本的同时,亦特别注重强调礼对个人修养层面的意义,他强调"学礼以自立身",他在解释"立于礼"时提到:"学《诗》以明,次又学礼也。所以然者,人无礼则死,有礼则生,故学礼以自立身也。"③从"学礼以自立身也"一句,即可发现皇侃此处重在凸显"个人习礼"的重要性,而非强调礼的社会教化意。礼乐修身之功历来是儒家传统礼学的内容,《诗经·鄘风》讲"人而无礼,胡不遄死?",《左传·成公十三年》亦讲"礼,身之干也"等,而皇侃此处格外强调修身立身之意,可见皇侃的关注点和着眼点是放在个人的独立性和主体性发展之上的。皇侃坚持通过"学礼"来连接"学诗"与"学乐"两个环节,认为只有在学礼立身的基础上,才能进一步更好地学习乐理、陶冶性情、完善品行。

综合以上,可知皇侃对于"礼"的基本态度。首先,礼为圣人所制,然有其

---

① 陈金木:《皇侃之经学》,台湾编译馆 1995 年版,第 413 页。
② 皇侃:《论语义疏》,高尚榘校点,中华书局 2013 年版,第 37 页。
③ 同上书,第 134 页。

本体论的根据,礼之理根于太一,同时又是圣人以其至高德性,随顺人情与大化流行所制,进一步统合人与自然社会。其次,在仁礼关系上,皇侃更看重礼制背后的自然仁心,外在制度不过是显发人情的工具,内在仁心才是根本,如果内在仁心不具,则外在的形式礼仪便会成为负累,仁心具备,外在礼亦"得中",实现"各宜其情"。

在了解皇侃对于"礼"的看法之后,进一步看皇侃"克己复礼"解释便更容易把握其内在理路,以下便继续论述。

在解释"克己复礼为仁"一句时,皇侃讲:"克,犹约也。复,犹反也。若能自约俭己身,还反于礼中,则为仁也。于时为奢泰过礼,故云礼也。一云:身能使礼返反身中,则为仁也。范宁云:克,责也。复礼,谓责克己失礼也。非仁者则不能责己复礼,故能自责己复礼则为仁矣。"①可见,皇侃此处意在强调仁的彰显是在"约俭"的基础之上,为仁由己的意义也在于从个人"自我约检"出发,而非依靠他人。皇侃将"克己复礼"解为"约俭己身,还反于礼",其把此章的中心和着眼点放在返还到礼上,而结合前文所讲,皇侃强调"学礼立身",此处的阐发亦是强调通过外在的约束和省俭,通过反归到礼中,来达到行仁和彰显仁本的目的。因此,皇侃此处还是侧重从修身之义去解释"克己复礼"。皇侃又讲:"礼所以为仁之义也。言人君若能一日克己复礼,则天下之民咸归于仁君也,……行仁一日,而民见归,所以是由己不由他人也。"②进一步强调行礼是彰显仁的应有之义,行仁在个体自身,而非他人。

在"仲弓问仁"一章中,皇侃疏解"出门如见大宾,使民如承大祭"时讲道:"亦答仁道也。言若行出门,恒起恭敬,如见大宾。见大宾必起敬也。又,若使民力役,亦恒用心敬之,如承事大祭。……大祭,国祀也。仁者举动使民事如此也。"③在疏解"己所不欲,勿施于人"一语时,皇侃继续指出:"恕己及物,则为仁也。先二事明敬,后一事明恕。恕敬二事乃为仁也。"④

---

① 皇侃:《论语义疏》,高尚榘校点,中华书局2013年版,第206页。
② 同上。
③ 同上书,第207页。
④ 同上。

可见，在皇侃看来，"敬"是由内而外自然显发的，见宾客，起恭敬之心，逢大祭祀，亦恒起敬心。皇侃认为此两句，分别是明敬与明恕，前者是敬以自知，后者是反求诸己，恕以待人。且唯有此二者都具备之后，才能称之为仁。从中我们可以发现，皇侃从敬、恕两种进路出发做工夫，进而求仁，此两个方面共同彰显出来的是皇侃对于个体由内而外的仁的显发的强调。

除了"敬"与"恕"之外，皇侃还格外强调"体仁"，在解释"回也，其心三月不违仁"时，皇侃又云："子曰，仁是兴盛，非体仁则不能，不能者心必违之，能不违者唯颜回耳。既不违则应终身，而止举三月者，三月一时，为天气一变，一变尚能行之，则他时能可知也。"①皇侃此处认为颜回"三月不违仁"的原因在于能够时刻做到"体仁"，只有在时刻把握"仁"、体知"仁"的情况下，才能做到"不违如愚"。皇侃曾多次赞扬颜回之所以被赞誉为亚圣，是因为其"体仁无违"。而皇侃进一步认为"不违"理应终身坚持，意在强调应时刻做"体仁"的工夫，逐渐内化为自身特质而自觉实践，而不是随时而变。

在体仁的基础上，皇侃进一步推崇"行仁"，皇侃认为："人若诚能志在于仁，则是为行之胜者，故其余所行皆善，无复恶行也。"②"志在于仁"是"行仁"的根本和关键，只有立足这一出发点，才能促进人性的自然彰显，最终落实到现实，才能达到"所行皆善，无复恶行"的状态。劳思光曾说："孔子有关'自我'的论述，都肯定人可以自做主宰，通过'自我'的转化而完成世界的转化。"③皇侃论仁的落脚点是"志在仁"，由此可见，皇侃对于个体自作主宰的强调，以及他对于先秦儒家"仁之理想"的希冀和延续。因此，可以看出，在皇侃那里，讲仁侧重于立足性分，重在体仁、行仁，使"仁性"得到完整的彰显。

综上所述，我们可以得出如下结论，皇侃论述"仁"与"礼"均侧重于立足人性本身，去做"敬""恕""克己"的工夫，从而使仁由内而外地显发其自身特质。因此，皇侃此种阐释进路，有助于引导人们从自身出发，回归自身本性。而如果把皇侃"克己复礼"解置于整个魏晋南北朝，皇侃对于个体主体的关

---

① 皇侃：《论语义疏》，高尚榘校点，中华书局2013年版，第93页。
② 同上书，第59页。
③ 劳思光：《新编中国哲学史（三）》下册，台湾三民书局1981年版，第894—895页。

照、对于时代的关怀便显而易见,与两汉"克己复礼"解更侧重于"礼"的约束意义大相径庭。魏晋南北朝长期处于政治纷乱状态,《论语义疏》展现了皇侃作为一个经学家对于社会、生命的关切,这是其难能可贵之处。

皇侃所处的时代,受玄谈之风影响,其学基本体现了魏晋玄谈的自由之风,但在《论语义疏》中亦援引汉魏注疏之长,在博采众家的同时,又保有自由阐释之论。以皇侃"礼"论为突破口,去看皇侃学术的立场和观点。皇侃从道德主体立身的角度出发,既强调礼的立身之功和内在根本,强调"礼贵得中"与"学礼立身",又重视外在礼仪规范的引导之用,推出仁礼相须的整体观点。

以往学界对于皇侃《论语义疏》的研究,多偏向考据的层面,认为有杂染佛、老思想之嫌。鉴于此,上文深入原文,以"礼""仁"等概念为探讨核心,结合皇侃"礼"论,去分析皇侃"克己复礼"解的诠释特色。从其对于"礼"的阐发中,我们可以看出皇侃本身非常注重人性本身特质的彰显和发展,其对于"仁"与"礼"的阐发,以"恩爱之心"解"仁"等,都体现了这种人性论的倾向,皆散发着人性的光辉。皇侃对于仁礼关系的论述展现了其立足于儒家传统,同时对以往哲学思想糅合继承,吸收各家精要,化为己用。既注重自然与社会秩序的统合,亦强调内在主体的重要意义,凸显对于个体的关注,彰显出自身学术的特色。

总之,在汉代随着大一统局面的转变,汉朝统治者积极推动建立一套适应封建统治的政治思想体系,在此形势下,董仲舒以孔子思想为筌蹄,以维护封建统治为鹄的,在强调儒家伦理规范的基础上加强和完善礼制,并用天人感应等思想为封建统治提供理论支撑。然从根本上讲,董仲舒所讲之"礼",已与孔子之"礼"相去甚远。董仲舒将"礼"上升至天命,并透过《周易》阴阳思想,建立起一种"阳尊阴卑"的阶级观念,且其对于"克己复礼"的诠释亦是彻头彻尾地从政治角度去讲,对于后世儒学独尊、融汇百家具有重要推动作用。可以说,董仲舒对于后世从制度层面解"礼"具有重要的导向意义。

汉末以后,儒学倾颓,随后兴起的魏晋玄谈可以说是对汉代封建礼制的一种反叛和省思。尽管魏晋士人谈玄论道,表面上看似玄远不实,然究其所自，始终离不开调和儒道的时代关切，可以说，魏晋儒者追求多元、自由阐释的学风为《论语》学在儒道融合方面的发展开出了新的领域。董仲舒与皇侃二人的诠释路线，可以说典型地呈现了宋以前经学诠释的两种相异路线。根据本章论述，我们还可以得出这样一个结论，魏晋经学的自由玄谈之风是对汉代经学的反省和逆向修正，解经的范围不再拘守于儒家，而是广涉老庄、佛教等诸多层面，在诠释经典时亦打破汉儒拘泥于儒家经典、围绕章句训诂进行诠释，而是涉及才性、名理、人道等诸多义理层面，可以说在自由玄谈的风尚中思想得到了极大的解放。

# 第四章
# 两宋时期"克己复礼"诠释及其特色

## 第一节 两宋时期《论语》学发展状况概述

自宋代以来,魏晋的自由玄风渐趋没落,自宋初邢昺起就有明显的转变,邢氏《论语注疏》一书虽本于皇侃之义疏,却做了大量删减,清代陈澧提出:"邢疏本于皇疏,而此等谬说,皆删弃之,有廓清之功矣。"[1]如果说皇侃《论语义疏》失之玄妙,那么,自邢昺起则在一定程度上得到廓清。

两宋时代,在统治者"兴文教,抑武事"的治国方略和崇儒政策推动下,《论语》研究渐趋呈现出复兴的景象。一个显著的表现是,研究著述总量的极大增加,可以说宋人重视《论语》,研究讲学《论语》已形成风尚,上至帝王,下至村学陋儒,都对《论语》有研究,如宋徽宗就著有《论语解》两卷。宋代兴起的《论语》诠释热潮与两宋的文化复兴的社会环境紧密相关。从内容上看,宋代论语学的贡献在义理阐发、本体建构等方面,较前代都格外突出,可以说,宋代儒学,特别是《论语》学,是儒学史上的一个高峰。魏晋时期,在佛道二教的冲击下,作为传统政治合法性依据的儒学不断受到人们的质疑,这也激发了后世宋代儒者对经典进行重新解释,期冀通过对经典的创造性解释,来重建儒学的主导地位。而佛道二教对心性的关注和发展亦影响了宋代儒者开始关注心性,发掘传统儒家本有的心性之学。

---

[1] 陈澧:《东塾读书记》,上海古籍出版社 2012 年版,第 21 页。

"克己复礼"历史诠释及当代价值

　　汉代以孔子素王说与今古文学为代表,唐代的《五经正义》以古文经学为主的走向,共同奠定了南宋十三经注疏的基础。宋代学术,便是在以汉唐经学为底本的基础上,朝着"如何学做圣人"的轨迹前进,不是斤斤计较于文字训诂、典章制度之考证,文义之疏释等汉唐以来的传统为学之道,而是开始转向推阐其义。早在宋初,庆历正学时期的范仲淹(989—1052)、胡瑗(993—1059)就奠定了宋学"学做圣人"的学术方向,而后濂、洛、关、闽四学,都是沿着这条路来走。可以说《论语》作为重要课题肇端于宋初大儒胡瑗倡导以儒家道德哲学重新解读经典,申明浅白义理,增强经典的政治指导、生活指导意义。胡瑗给程颐在太学出的题目就是"颜子所好何学论?",苏轼提出"刑赏忠厚之至论"。理学开山周敦颐对"圣可学乎"的肯定性回答等,都充分表明了宋代经学初期就已经确立了道德论述的取向。另外,宋代讨论的内在议题也产生了变化。汉唐关注的更多是孔子,而发展到宋代对于"先圣""先贤"的讨论则似乎更加细致、深入,扩展到仁义、心性、理气等内容。

　　从庆历儒学运动起,《论语》就开始被重视,这一点和晚唐儒学复兴偏重于重振《春秋》学、《孟子》学不同。庆历学术基本上已经走向"四书"与"三礼"、《易经》、《春秋》的全面复兴,奠定了北宋中叶道学发展的重要学术基础。

　　二程作为宋明理学的重要奠基者,其思想对朱熹有深刻的影响,程颢(1032—1085)的仁学境界论亦是明代王阳明"万物一体之仁"说的重要理论来源。二程阐释《论语》的方法,有别于先前儒者,而更为重视以义理解经,并结合社会现实去进行文本定位。二程这种以义理解经的方法对后来的杨时、张栻以及朱熹等人都有深刻影响。程颐《论语》解格外强调以意解经,这是其解《论语》的重要特色之一,但同样也会影响对文本原意的客观性理解。而朱熹作为理学思想的集大成者,更是宋明儒学乃至中国儒学绕不开的一位巨匠,其"克己复礼"解影响了后世几千年,至今仍有强烈回音和余味。对于朱熹"克己复礼"解,其"存天理,灭人欲"一语广为流传,然对朱熹此语的深层意涵却往往无有细探,千百年来,虽有儒者为其正名,然并未出现系统之言。朱子的思想承继二程而来,他在早年接触二程学说,依照二程学说来研究论语,后期不断修改,形成自己的见解,其中的继承与发展值得进一步探讨。朱熹早年所作《论语要义》,更是"独取二先生及其门人朋友数家之说,以为一书"(《朱子文集·论语要义目录序》)。他在《记谢上蔡论语疑义》中,也曾作如此评价:"《论语》惟伊川所解,语意含蓄,旨味无穷。"[①]言语中伊川对朱子的影响之深可见一斑。以下,便以二程与朱熹为中心,去看宋代的"克己复礼"诠释及其特色。

## 第二节 二程"克己复礼"解

### 一、"礼者,理也"——二程"礼"学思想

在二程那里,"仁"的价值内在于人性之中,只有透过具体的礼,连接天理和人性,才能落实为伦理行为。换句话说,只有透过"礼"的规范与实践,才能印证天理与仁的实存。由二程对"礼"的具体论述,可知"礼"学思想是其整个哲学理论中不可缺失的一环。程颐讲:

> 礼者,理也,文也。理者,实也,本也。文者,华也,末也。理是一物,文是一物。文过则奢,实过则俭。奢自文所生,俭自实所出。故林放问礼之本,子曰:"礼,与其奢也,宁俭。"言俭近本也。[②]

众所周知,二程以"天理"为道德价值的最高来源。理不仅是最高的、绝对的、普遍的道德根据,也是本体论层面的终极根据。此处,明道结合"理"与"文"两个概念去阐述"礼"的含义。通过强调理为"实也,本也",文为"华也,末也"来说明礼的内在精神与外在规范的本末地位。因此,由"礼者,理也"一句看出,程颢将"礼"与天理挂钩,在本体论层面上强调"礼"的精神意涵,并赋予礼以形上根据,表明无论从礼义还是礼仪去讲,礼都不是为人私立,乃是天

---

① 朱熹:《朱熹集》,郭齐、尹波点校,四川教育出版社1996年版,第3679页。
② 程颐、程颢:《二程集》,王孝鱼点校,中华书局1981年版,第125页。

地生生不息运转背后的普遍规范。因此,在程颢这里,礼的道德根据得到空前加强。外在的礼仪是指向社会生活和具体实践的,而内在的礼义则是其内在根据,程颢此处对于天理的强调是为了在社会层面落实其天理观,依理而行。

此处明道亦提醒我们"文过则奢,实过则俭",外在的礼节如果过于奢华,就容易让人侧重其形式意义,而忽略精神意义,他强调"俭自实所出",认为理作为精神的实本,本身就是向俭去奢,接近事物之本然的。明道的"俭近本"亦与孔子"奢则不孙,俭则固"(《论语·述而》)的奢俭观相对应。因此,此处明道不仅强调礼的道德意涵,还为行礼之仁提供了具体的行礼原则,由此来约束人性之偏私。

程颢这种经由礼仪、约束人欲、导向天理的理路,在程伊川那里亦有明显体现,他说:"'礼仪三百,威仪三千',非绝民之欲而强人以不能也,所以防其欲,戒其侈,而使之入道也。"[①]

此处小程虽然同大程一样,肯定礼制对于人的约束义,但他非常明确而又肯定地指出外在的礼仪制度并非用来断绝人欲、强人所难、没有人性地禁止正常需求,而是引导人防欲戒侈,让行为合乎天道、顺应天道,实现无妄而顺应物与理的目的。而只有明白了这一点,才可以更好地理解明代以后诸儒对于宋儒理欲观的误读和曲解。

此外,伊川亦从"民之情"和"时"的角度言礼之本,他说:"礼之本,出于民之情,圣人因而道之耳。礼之器,出于民之俗,圣人因而节文之耳。圣人复出,必因今之衣服器用而为之节文。其所谓贵本而亲用者,亦在时王斟酌损益之耳。"[②]"礼,时为大,须当损益。"[③]伊川认为圣人依民之情制礼,进而来推展人文教化。圣人制礼意在贵本亲用,顺人情之自然,同时能够按照时代变化因革损益,进而在此基础上实现引导教化的效果。

综上,在天理观的视域之下,二程尤其是程颢讲礼,与以往儒者最大的区

---

① 程颐、程颢:《二程集》,王孝鱼点校,中华书局1981年版,第323页。
② 同上书,第327页。
③ 同上书,第171页。

别在于,他们把天理看作绝对的仁善之体,也是礼的根源,从体用关系的层面入手,引入"天理"的内涵对于礼的道德根据展开论述,把礼义与本体层面的天理挂钩。在丰富"礼"精神意涵的同时,引导世人依天理而行,顺应天理。在此基础上,二程进一步强调要在守礼寡欲的工夫过程中去体贴天理。

## 二、"不是天理,便是私欲"——二程"克己复礼"解

对二程来讲,天理是诚然无妄的,因而下贯到礼仪实践层面,也要在从俭去奢的同时体贴天理,相应的在工夫论层面,二程亦格外强调对于天理的体贴。与前儒相比,二程从本体论角度解读"礼",凸显礼的道德规范必然性与普遍性。二程把天理看作礼的内在根据和道德活动的最终目的,意在此基础上进一步引导道德主体在体贴天理的指向中进行自觉的道德实践。因此,在摄礼归理的礼学观视域下,二程的"克己复礼"亦呈现出与前儒相异的诠释,而这一点,在二程对"礼欲关系"的探讨中就能发现。

礼与欲的关系问题是二程学术中非常重要的一环,程颢在讨论仁礼关系及其工夫论含义时讲:"居仁由义,守礼寡欲。"[1]从内外两个层面,贯穿外在礼制与内在仁性去讲。此处明道首先强调,人能由义在于先识仁居仁,同时要做到守礼寡欲;人欲是针对天理来讲,寡欲方能去偏蔽,存仁才能存己。由此看来,在程颢那里,仁礼二者是相通的,始于主体的自我觉知,终于天下归仁的生命境界。

综上,二程摄礼归理、摄礼归仁,不仅从天道层面赋予礼以运作的正当性,更在道德层面强调了礼的价值意涵。在二程天理观下,礼从一种外在的规范约束转换成内在生命的和谐共生,并展现在伦理关系中。

伊川在解释"克己复礼"一章时讲:"颜渊问仁,而孔子告之以礼,仁与礼果异乎?"[2]对此,小程亦给出了肯定答复,他说:"视听言动一于礼之谓仁,仁之与礼非有异也。"[3]在小程看来,从仁与礼的本体指向来看,二者都指向恒

---

[1] 程颐、程颢:《二程集》,王孝鱼点校,中华书局1981年版,第128页。
[2] 同上书,第181页。
[3] 同上书,第322页。

常不变、生生不息的天理，在这个层面上二者是无异的。从二者的工夫指向来看，"克己复礼"的工夫就是成己成圣的内圣工夫，都蕴含着对道的体认。视听言动四者都是道德主体与世界感知对接的直接工夫，孔子用四勿来回复颜子，也说明仁是内在于己而无待于外物，然又可以通过自身的实践行为去展现自身。

总之在小程看来，非礼就是不仁，因此需要通过复归于礼，在复礼行仁的过程中，使得仁与礼真正得以落实于天下万物中。在做"守礼寡欲"的工夫中，不断克服道德主体意识中的偏蔽，最终进入"居仁由义"的境界，这个过程也就是程颢所讲的由识仁到"仁者与天地万物为一体"的过程。

二程认为"为仁由己"表明了天理内在于人性之中，仁与礼的内涵之所以能够涵养发挥，其原因就在于非由外铄，而是道德主体所本有之，因此，透过"克己复礼"的工夫，才能够体贴天理，体贴仁体，进到与天地万物为一体的境界。

程颢在解释克复工夫次第时讲："克己则私心去，自然能复礼，虽不学文，而礼意已得。"[1]程颢在此处强调"克己"的工夫就是去"私心"的工夫，私心去，则自然能够复归于礼，也能够顺应天理。即使未能熟知礼制之条文章目，当实践之时，亦能够做到依照礼义之具体含义去做。程颢此处所强调的去"私心"是指向礼义大公，强调在无私心的状态下存天理、涵养万物。又如，伊川在解释视听言动时，更明确地讲道：

视听言动，非理不为，即是礼，礼即是理也。不是天理，便是私欲。人虽有意于为善，亦是非礼。无人欲即皆是天理。[2]

此处伊川提出了"不是天理，便是人欲"这一对朱熹影响甚大也广为后世所诟病的论点。视听言动要依照天理去行才是礼，礼本身亦是天理的展现。带着"人欲"去为善，仍属于以偏蔽之私去行相对的善，因此，仍非绝对意义上的天理流行，亦非绝对之善，因此，程伊川强调，要使天理得以完全展现，就必

---

[1] 程颐、程颢：《二程集》，王孝鱼点校，中华书局1981年版，第18页。
[2] 同上书，第144页。

须去私欲,做无人欲的工夫。

二程认为"克去己私"是复礼的基础,同时,小程格外强调"敬"的工夫是"克去己私"的关键,他说:"敬即便是礼,无己可克。"[1]强调经由敬的工夫去做到为仁由己。从这一点看,此两人都是想要做克去己私的工夫,以此来作为行礼义、展现天理的前提。因此道德主体在做消极的克己工夫后,还要进一步产生主动的复礼行动,这在二程看来就是"居仁由义,守礼寡欲"的过程。复礼的最终目的是人与万物都归于仁,这是实践工夫所臻之理想境界。

### 三、程颢"仁者与万物一体"的工夫论面向

历代儒者虽都强调仁,都把识仁、践仁当作生命的基本价值追求,如张载的"大心说"就强调"仁心体物而不遗:天无外、性无外、心亦无外",其《大心篇》云:

> 大其心,则能体天下之物。物有未体,则心为有外。世人之心,止于闻见之狭。圣人尽性,不以见闻梏其心。其视天下,无一物非我。孟子谓尽心则知性知天,以此。天大无外,故有外之心,不足以合天心。[2]

大其心,能否做到体天下之物,实际上这个问题也是能否尽心尽性的问题。张载认为,世人的一个普遍的局限性在于拘囿于外在的闻见之狭,而不能够真正从中解脱出来。圣人之所以能够尽心尽性,视天下无一物非我,是因为他能够跳出耳目之知,体悟超越的道德本心。正如牟宗三讲:"所谓大其心,根本是要从'见闻之狭'中解放。解放后得到的心灵乃根本是超越的心灵,孟子所谓'本心'。囿于见闻之狭,而为见闻所梏桎、所拘系,总之所限制者,则是所谓经验的心、感性的心,亦即所谓心理学的心,庄生所谓的'成心',佛家所谓识心、习心是也。"[3]二程亦是在张载"大心说"的基础上,进一步发

---

[1] 程颐、程颢:《二程集》,王孝鱼点校,中华书局1981年版,第143页。
[2] 张载:《张子全书》,章锡琛点校,中华书局1978年版,第24页。
[3] 牟宗三:《心体与性体(一)》,收录于《牟宗三先生全集》第5册,台湾联经出版社2003年版,第560页。

展了仁说。比如,程颢就特别注重对仁学义理的阐发。他提出为学首要之处在于"学者须先识仁"①,强调首先要体知仁,而非从知识层面入手去知解。

"仁体"一词,首出于《二程全书·遗书》,程子曰:"学者识得仁体,实有诸己,只要义理栽培,如求经义,皆栽培之意。"②

本心仁体之如如呈现,无所谓"复"之言,复是逆觉。通过逆觉见心之本体,普通人经由逆觉体证,"复见天地之心",可体悟仁体,而圣人则不必,圣人是"性之",是超自觉,其自然能如如呈现,而无所谓"复"。正如明道所讲的:"复卦非天地之心,'复则见天地之心'。圣人无复,故未尝见其心。"③

明道"识仁"说,既是工夫论陈述,亦是一种境界论陈述,由"识仁定性"的工夫实践,开出与物同体的境界论。首先,明道强调从"识仁"的角度去展开工夫实践,推动仁道的彻底开展。主张透过体仁行仁,在为仁由己的工夫实践中不断推展出去,实现与天地万物一体的最高目的。相对来讲,程伊川则更侧重从工夫论的层面去讲,强调由"行仁义"到达"由仁义行"的工夫阶段,并在这个过程中确立每个个体存在的意义。

又如,明道在给张载的回信中讲:

> 苟以外物为外,牵己而从之,是以己性为有内外也。且以己性为随物于外,则当其在外时,何者为在内?……夫天地之常,以其心普万物而无心;圣人之常,以其情顺万物而无情。故君子之学,莫若廓然而大公,物来而顺应……人之情各有所蔽,故不能适道,大率患在于自私而用智。自私则不能以有为为应迹,用智则不能以明觉为自然。今以恶外物之心,而求照无物之地,是反鉴而索照也。④

上文中,明道用道德主体的生命境界去言定性,认为己性本无内在。如

---

① 程颐、程颢:《二程集》,王孝鱼点校,中华书局1981年版,第16页。
② 同上书,第15页。
③ 同上书,第85页。
④ 同上书,第460—461页。

同天地恒常不息、普映万物,使得万物各安其分,运作不息一样,圣人以其廓然无私,故能物来顺应,体天道之生生。君子之学,就是致力于圣人"廓然无私"的境界,仁而无私,遂能感通无碍,也自然能顺应万物之理序,自私用智则不能体悟道体之明觉自然,更不能顺心应物,因此要做去私定性的工夫。

孔子讲"仁"大多是指点语,如"人而不仁,如礼何?"(《论语·八佾》)都是直接透过真实之生命生活去指点,而明道则是直接从仁体入手,他认为:"学者须先识仁。"明道此种体贴仁体的进路影响了同时及后代诸儒。如吕大临闻明道语作《克己铭》,他讲:"凡厥有生,均气同体。胡为不仁,我则有己,立己与物,私为町畦。胜心内发,扰扰不齐,大人存诚……方其未克,窒我室庐……亦既克之,皇皇四达。洞然八荒,皆在我闼。孰曰天下,不归吾仁?疴痒疾痛,举切其身。一日至之,莫非吾事。颜何人哉?希之则是。"[①]吕大临解《论语》"克己复礼"是承明道"浑然与物同体"义而来,都要经过"先识仁体"的过程。"仁体"在明道那里,是人人俱有,亦能遍体一切的。"仁者浑然与物同体"讲的是与天地万物为一体,浑然无物我内外之分隔的境界,也可以用感通来解释。

程颢讲"万物一体之仁",更侧重于境界和工夫层面,虽然也有本体层面的意涵,但是他更侧重从主观层面去讲"仁体"。以识仁、体仁为先,以诚敬之工夫持守,通过克己复礼的工夫,最终达到圣贤境界。在这种无将迎、无内外,天下万物一体之境界下,天地万物现象之变易皆被消弭,物外人我之别化归为一体之仁。牟宗三先生则侧重以"感通"去解释"万物一体"论,他说:"仁以感通为性,以润物为用","感通无隔,觉润无方"[②],仁这种感通的特性最终指向万物一体。他说:"感通是生命(精神方面的)的层层扩大,而且扩大的过程没有止境,所以感通必以与宇宙万物为一体为终极,也就是说,以'与天地合德、与日月合明、与四时合序、与鬼神合吉凶'。"[③]因此,牟氏亦认为此是

---

① 参见《永乐大典》,卷八千二百六十八,十九庚。
② 牟宗三:《心体与性体(一)》,收录于《牟宗三先生全集》第 5 册,台湾联经出版社 2003 年版,第 156 页。
③ 牟宗三:《中国哲学的特质》,台湾学生书局 1984 年版,第 36 页。

"仁"遥契天道的表现。

程颢的"仁者与万物一体"论，实际上与程颐讲"仁则一，不仁则二"①相互契合，只是小程并未详细展开。此处程颐亦强调仁体的廓然无私，无一二之别。仁体本身蕴含万物生生不息之义，若是把握不准确，或仍与物有别，则仁体仍有未全之处，因此，在这一点上，大小程是一致无二的。

此种"天下归仁"万物一体的境界，在牟宗三那里，是源自仁之生生不息的"创生义"。牟先生曾说"仁"有"觉"与"健"两大特质，这两大特质展现了"仁"的生生意涵。"'觉'是指点道德心灵的，有此觉才可感到四端之心。"②而对于"健"这一特质他指出："我们的生命，应通过觉来表现健……要像天一样，表现创造性，因为天的德（本质）就是创造性的本身……'健'字的含意……是纯粹精神上的创生不已。"③"仁"之精神特性，如天道运行一般，生生不息，随着道德主体性的觉醒，个体生命中的"仁"也透显开来。仁者与万物一体，展现出了道德主体在践仁、体仁的过程中与万物相映并能够上达天理。正如唐君毅先生曾讲："天地之化育，即我之化育，即真实化此天地之化育，于我之生命之中，而见其此即我之生命之化育。"④只有在反身而诚、体仁的工夫实践中，主体才能够达到无所偏私的境界，天地万物与自身相系，天下事皆己事，从而实现与物同体。"万物一体"的观念不断发展和凸显，至程颢《识仁篇》，我们可以说，仁说已成为南宋道学的核心，对后继的学术发展有深远影响。

## 第三节　朱熹"克己复礼"解

### 一、"礼者，理也"：朱熹思想理欲关系分析

蔡方鹿先生曾如此评价朱熹在注解传统经典方面的贡献："遍注群经，把

---

① 程颐、程颢：《二程集》，王孝鱼点校，中华书局1981年版，第63页。
② 牟宗三：《中国哲学的特质》，台湾学生书局1984年版，第36页。
③ 同上。
④ 唐君毅：《中国哲学原论·原教篇》，九州出版社2016年版，第109页。

儒家经学义理化;吸取佛道,把儒家思想哲理化;继承二程,把儒家道统体系化;推广四书,把儒家学说大众化;心统性情,把心性哲学精致化;道贯文史,把史学文学理学化。"①诚然,朱熹在注解儒家经典方面贡献巨大,相较前代,朱熹解经的一大特色就表现在对儒家传统学说的义理内涵的凸显。一方面,鉴于佛老二教的质疑和挑战,阐发儒家自身义理是儒家发展的必然趋势。而朱熹以其博学多闻,将儒家道统体系化、纵深化,使得儒学以崭新的面貌呈现其生命力;另一方面,从具体的解经内容看,朱熹解经既博采众长,又推陈出新,既有文本解读,又有训诂考证,亦有义理发挥,在皓首穷经过程中,逐渐完善并建构了自己的理学系统。因此,在其后很长一段时间内,这一理学系统都是儒学界的主流思想。

钱穆曾如此评价,他说:"在中国历史上,前古有孔子,近古有朱子,此两人皆在中国学术思想史及中国文化史上,发出莫大声光,留下莫大影响。瞻观全史,恐无第三人可与伦比。"②朱熹学术系统庞博,始终是中外学者都无比重视而无法绕开的大儒。对于朱熹的心性义理之学,前人相关研究已然汗牛充栋,下文从朱子之"礼"切入,分析朱熹学术之落脚点,进而在此基础上看朱熹"克己复礼"诠释,并回应历代对于朱熹的批评。朱熹对"四书"用功颇深,在浩繁的著述集中,随处可见他围绕"四书"而展开的讨论与思索。他自称"某自卯读《四书》,甚辛苦"③。朱熹自年少就读"四书",终其一生,对于孔孟传统的积淀和体悟也在慢慢加深。他在研习先儒旧说的同时,亦撰写《或问》《章句》《集注》,直至生命的尽头,甚至于临终前几日,仍在修订《大学章句》。朱熹也曾经感慨"克己复礼"一章是"传授心法切要之言。非至明不能察其机,非至健不能致其决"④。可以看出,朱熹高度重视这一命题,并以核心关键的地位去看待《论语》这一章。

朱熹对"克己复礼"最直观的解释,毋庸置疑出自其《论语集注》一书,然

---

① 蔡方鹿:《朱熹对中国传统文化的创新》,《中国文化论坛》1996年第3期,第77页。
② 钱穆:《朱子新学案(一)》,收录于《钱宾四先生全集》第11册,台湾联经出版社1988年版,第1页。
③ 朱熹著,黎靖德编:《朱子语类》,中华书局1999年版,第2611页。
④ 朱熹:《四书章句集注》,中华书局1983年版,第132页。

必须指出的是,《集注》所载之内容亦是千百年来引起争议的来源。而实际上,《集注》中对于"克己复礼"的诠释仍稍显单一,在《朱子语类》以及朱熹文集中留存着大量关于"克己复礼"章的记载,皆为朱子及其门人围绕"克己复礼为仁"这一命题的论难与辩论,因此,我们不能将《集注》"克己复礼"解作为单一的论据,而应该全面、综合考察分析。而且朱熹解"克己复礼",实有其系统性与层次性。总之,要深度把握朱熹仁礼思想,必须立足朱子思想的全体,而非仅依靠《集注》一文。

在某种意义上讲,朱熹"克己复礼"诠释,之所以成为千古聚讼的话题,根本矛盾点在于朱子对"欲"和"礼"的理解上,要想厘清朱熹"克己复礼"解,绕不过对理欲关系的探讨。因此,下文便着重从朱熹对于"欲"和"礼"的解释入手,兼涉其他层面展开论述。

朱熹对"礼"的解释可从两个层面展开,他在讨论礼义、礼节之关系时,首先指出礼是对天理的具体落实。例如,在解读《论语·学而》中"礼之用,和为贵。先王之道斯为美,小大由之"一语时,他说:"礼者,天理之节文,人事之仪则也。和者,从容不迫之意。盖礼之为体虽严,而皆出于自然之理,故其为用,必从容不迫,乃为可贵。先王之道,此其所以为美,而小事大事无不由之也。"①

在朱子看来,礼仪有普遍而牢固的形上义理来源,朱熹"礼者,理也"这一观点,显然是继承了小程的讲法,从宋儒体用论的语境去讲,"礼"是以天理为根据而制成的节文制度,是人事行为的仪式规则。又如,朱熹还从"复礼"的角度去肯定复归于礼就是体贴天理,他说:

> 礼谓之"天理之节文"者,盖天下皆有当然之理。今复礼,便是天理。但此理无形无影,故作此礼文,画出一个天理与人看,教有规矩可以凭据,故谓之"天理之节文"。有君臣,便有事君底节文;有父子,便有事父底节文;夫妇、长幼、朋友,莫不皆然,其实皆天理也。②

---

① 朱熹:《四书章句集注》,中华书局1983年版,第51页。
② 朱熹著,黎靖德编:《朱子语类》,中华书局1999年版,第1079页。

礼本身就是天理的展现,礼的存在就是让人有规矩可循,因此,朱子明确指出复礼的工夫实践,就是复归天理的过程。朱子充分肯定,礼之所以是天理之节文,就在于天下万物皆有"所当然之理"。万物的所当然之理,万物所以存在的必然性根据,君臣、父子、夫妇、长幼、朋友之礼,一是皆然,莫不都是天理的展现。可以说,礼是沟通、透显万物与天理之间必然关系的最好中介,礼的规范性实践,就是对无形无影不可捕捉之天理的具体落实,这个过程也是道德价值从应然到实然转变的过程。

从天理的层面出发去看"礼即理"这一命题,一方面,"理"本身无形无影,无法捕捉,故而必须制礼文,才有据可循;另一方面,礼又是天理的展现,天理在人伦社会的推行主要通过礼来实现,道德实践要严格依循礼去做。因此,朱熹通过将"礼"与"天理"挂钩,从体用合一的角度去讲礼,既赋予礼以形上本体支撑,又使得天理的推行有形下的支撑。孙以楷曾讲:"既给予礼学以本体提升,又以本体之理为关照去追求礼的更广泛的普世效应,是朱子的伟大贡献。"[1]诚然,在朱熹看来,礼和天道是紧密相连的,因此他才复又强调:"礼仪三百,威仪三千,悠悠大哉,皆是天道流行,发见为用处。"[2]具体的礼仪制度皆是天理的彰显,换句话说,各种行为规范都必须遵从天理之要求。朱熹讲:"宇宙之间,一理而已。天得之而为天,地得之而为地,而凡生于天地之间者,各得之以为性。"(《朱子文集·读大纪》)可见,朱熹之"理"是由观察天地万物普遍性而来,不论是自然还是人文都蕴含着某种抽象的、绝对的意义和亘古不变的特质,在朱熹那里,涵括这一理念的也就是理,理是宇宙之本体,是天地万物得以存在的根据。

又如,朱熹在《论语·子罕》"颜渊喟然叹"一章中,更加具体地指出:"礼者,天理之节文。节谓等差,文谓文采,等差不同,必有文以行之。……圣贤于节文处描画出这样子,令人依本子去学。譬如小儿学书,其始如何便写得好,须是一笔一划都依他底,久久自然好去。"(《朱子语类》卷三十六)因此,我

---

[1] 孙以楷:《朱子理学——礼学的本体提升与普世效应》,载龙念主编:《朱子学研究》,安徽大学出版社2008年版,第84页。
[2] 朱熹著,黎靖德编:《朱子语类》,中华书局1999年版,第1584页。

们基本可以得出,朱熹把"礼"看作圣贤依天理所制之外在节文,同时又有等差之特性,这种特性通过不同的礼节有不同的展现。人所应做的就是依照节文去效仿实践,在具体的实践之中,亦如小儿学书一样日渐熟练于心,自然施发于外。

追求礼序是朱熹道德哲学的重要关怀,他说:"合于礼,便是和。如君臣之间,君尊臣卑,其分甚严。若以势观之,自是不和。然其实却是甘心为之,皆合于礼,而理自和矣。"①朱熹重礼,认为合于礼则理自和,社会礼序和谐,天理自然展现。朱熹将仁义礼智放置于天道层面去讲,人人都要将其落实到日常生命实践中,才算是德性的展开和完成。

综上,可以看出,朱熹学术系统中,道德实践的最终目的是回归本有之天理。朱熹通过"理"这一概念,将孔孟那里道德主体的意涵转化为客观外在的外显秩序,以理为中心完成了道德本体论的架构,"仁义礼智"即是理,都是理之用在当下的展现。因此,朱熹的道德工夫立足学问思辨,走格物致知、由智成德的顺取工夫,而非心学明心见性、逆觉体知进路。

在进入朱熹理欲观之前,我们先来看,孔孟对人欲所持的态度。对于"仁",孔子讲"我欲仁,斯仁至矣";对于富贵,孔子说要"以其道得之"。对于《论语》之"欲"的分析,张立文先生曾有详细讨论,他认为《论语》中"欲"可分为"想要、希望"与"想追求之事物",然孔子并未对"私欲"和"人欲"加以明确区分,也因此给后世留下了"概念的混沌"。②

在孟子那里,相对来讲,进一步直接肯定了人追逐欲望的合理性,他说"好色,人之所欲""富,人之所欲""贵,人之所欲"。由此可知,在孔孟那里并未全面否定"欲",而是肯定正当的"人欲",并强调要以道求之。而孟子所讲的"寡欲",亦是存心养性的工夫手段,"养心莫善于寡欲;其为人也寡欲,虽有不存焉者,寡矣。"(《孟子·尽心下》)

至《易传》中方才出现"君子以惩忿窒欲"的严厉抑制之态度,此说对后世

---

① 朱熹著,黎靖德编:《朱子语类》,中华书局1999年版,第839页。
② 参见张立文:《中国传统理欲观的发展及其现代转化(上)》,《中国文化月刊》1993年第161期,第9页。

宋明理学"绌欲从理"的思想有一定影响,然明确将"天理"与"人欲"对立起来则是在《礼记·乐记》中,其云:"人生而静,天之性也;感于物而动,性之欲也。物至知知,然后好恶形焉,好恶无节于内,知诱于外,不能反躬,天理灭矣。夫物之感人无穷,而人之好恶无节,则是物至而人化物也。人化物者,灭天理而穷人欲者也。"(《礼记·乐记》)

《礼记》中所讲的"天理"指的是"人生而静"的清静之性,是始内在于人的,而感于外物而发的"人欲"则是对此清静之天理状态的打破,一个典型的表现就是外在的嗜好欲望贪求,如若无所节制、反躬,终将导致"天理"的幻灭,人亦为"人欲"所物化。与此同时,《礼记》作者亦为我们提出了应对方式,那就是要通过"反躬"来进行节制,通过反求诸己来保全天理,彰显人性。《礼记》此段的重要意义在于明确提出理欲对立的概念,成为宋儒理欲观的直接理论来源。发展到北宋,周敦颐率先提出"无欲"之主张,《礼记》就是其重要理论来源,他说"一为要,一者无欲也,无欲则静虚动直"[1],可见,此处周氏已经把"无欲"看作修养成圣的重要工夫手段。

朱熹讲:"天理人欲分数有多少,天理本多,人欲便也是天理里面做出来。虽是人欲,人欲中自有天理。"(《朱子语类》卷十三)可知,朱熹并非认定人欲完全是恶的,而是承认"人欲"中亦有天理存在,此就表明朱熹认同人作为自然生命体,人欲中有合乎天理的成分,正如朱熹所讲"饮食"是天理,而要求美味,方才是人欲。可见,对于饮食男女等人的基本生理需求,朱熹并未否定,而是对于超出此外的过度之欲才是人应该努力摈除克尽的。在此意义上,世人对于朱熹"灭人欲"的理解大多存在过度诠释之曲解倾向。

实际上,朱子学的理欲关系存在着严格的分判,而非混而为一。朱子继续说道:"人只有天理、人欲两途。不是天理,便是人欲。即无不属天理又不属人欲底一节。"(《朱子语类》卷四十一)天理与人欲两者之间的分界很难辨明而极易被忽视,在此情况下,朱熹格外强调对于人欲的严格提防,强调要时刻注意体认省察,防止陷溺于人欲。

---

[1] 周敦颐:《周子通书·圣学第二十》,徐洪星导读,上海古籍出版社2000年版,第38页。

因此，自先秦至宋，理欲关系的认知存在一定的转化。孔子讲"欲而不贪"，孟子强调"寡欲"，都表明先秦儒者对于"人欲"并非持禁绝之态度，而是在正视人之耳目口腹之欲的同时提醒儒者们警惕人欲使人不善的倾向，而注重反求诸己的修己修身。孔孟所讲的"欲"亦非纯粹的自然之欲，孔子的"我欲仁"与孟子的"义亦我所欲"，无不涵括了道德意涵，此已经远远超脱于感性的自然人欲。宋儒周敦颐提出"无欲"，至朱熹复又强调"尽去人欲"，才将"天理"与"人欲"对立。然需要厘清的是，朱熹所要尽去的"人欲"仍非广泛意义上的全部人欲，而仅是指不合乎天理的部分，并非抹杀人全部的感性之欲望。因此，在此意义上，宋儒特别是朱熹之理欲观与先秦儒学并无大的背离之处，而是都致力于清除不合乎理的欲望。

## 二、德性与工夫：朱熹"克己复礼"诠释的双重面向

我们再回到"克己复礼"的工夫中去看，颜回能够做到"其心三月不违仁"，而其他人则仅能够"日月至焉而已矣"，《论语集注》中把"不违仁"看作"无私欲而有其德"的状态，朱子说：

> 仁者，心之德。心不违仁者，无私欲而有其德也。日月至焉者，或日一至焉，或月一至焉，能造其域而不能久也。程子曰："……不违仁，只是无纤毫私欲。少有私欲，便是不仁。"尹氏曰："……若圣人则浑然无间断矣……"张子曰："……使心意勉勉循循而不能已……"①

可见，在"克己复礼"的工夫中，去"私欲"是最为关键的一环，朱子所讲之"欲"，显然是从与"天理"相对的角度而言。颜回箪食瓢饮、不改其乐、三月不违仁的关键就在于无私欲，因此，朱熹认为在成圣求仁的工夫中，去私欲是重中之重。在朱熹看来，"仁"只能经由克"人欲"、存"天理"的工夫透显，"克己去私，复此天理，便是仁"。对于克己之"私"，朱熹曾明确提出："克己之私有

---

① 朱熹著，黎靖德编：《朱子语类》，中华书局1999年版，第86页。

第四章 两宋时期"克己复礼"诠释及其特色

三：气禀、耳目口鼻之欲，及人我是也。不知哪个是夫子所指者？"曰："三者皆在里。然非礼勿视听言动，则耳目口鼻之欲较多。"(《朱子语类》卷四十一)显而易见，朱熹所讲之"私"有三层意涵：气禀、耳目口鼻之欲、人我。气禀之私乃由性而来，耳目口鼻之欲则是形体之私，人我是指与外在环境相对的"私"。朱熹此处指出，孔子所讲四勿主要侧重耳目口鼻之欲。

"气禀之私"即朱熹在《中庸章句序》中所讲的"形气之私"，他说："心之虚灵知觉，一而已矣，而以为有人心、道心之异者，则以其或生于形气之私，或原于性命之正，而所以为知觉者不同，是以或危殆而不安，或微妙而难见耳。"气禀之偏带来差异，朱熹认为气禀有昏明、清浊、正偏、驳杂之分，因此他在此基础上认为有四种人，分别是生而知之的圣人、学而知之的贤人、困而学之的众人与终不知学的下民。而气禀之私则直接导致了每个人对于人心、道心的体悟不同。《朱子语类》中亦讲："如饥饱寒暖之类，皆生于吾身血气形体，而他人无与，所谓私也。亦未能便是不好，但不可一向徇之耳。"[1]因此，朱熹所讲躯体之私比较清晰，是血气形体所自带的，是人人皆具、由生而来的，可见气禀之私是先天带来的，而不是人力可以左右的。

此处需要指出的是，朱熹所要克去之"欲"实有其范围和局限，而非克去全部之"欲"，他曾以水做喻，说：

> 欲是情发出来底。心如水，性犹水之静，情则水之流，欲则水之波澜。但波澜有好底，有不好底。欲之好底，如"我欲仁"之类；不好底则一向奔驰出去，若波涛泛浪。大段不好底欲则灭却天理，如水质壅决，无所不害。[2]

朱熹以水喻心，性即水之静，情之发动即水之流动，欲则是水之波澜。此处朱熹想要强调的是欲本身亦有好有坏，孔子讲"我欲仁，斯仁至矣"，此处圣人之欲即好的符合天理的欲。与之相反，不好的欲即超出适体得中，流于过

---

[1] 朱熹著，黎靖德编：《朱子语类》，中华书局1999年版，第1486页。
[2] 同上书，第93—94页。

与不及的欲望则如壅决的水,贻害无穷。总之,太过之欲,是朱熹强调要力克的,不及之欲乃至无欲,则主要是针对佛老过于关注内心,过度强调无欲而与日用常行脱节去讲的,而适中合理的欲则是不必克去的。

人人都有形气之私,但这种先天带来的气禀之清浊差异,并不是决定道德善恶的根本因素。只是在做道德工夫之时,要格外警惕形气之私带来的不好导向,朱熹认为"形气非皆不善,只是靠不得"。进而朱熹讲:"季通云:'形气皆有善。'不知形气之有善,皆自道心出。由道心,则形气善;不由道心,一付于形气,则为恶。"①朱熹承认,形气有善有恶,善自道心出,恶则不出自道心,在这个逻辑之下,朱熹进一步强调道心主宰的重要意义。而针对气禀物欲杂糅问题,朱熹认为问题的解决之道在于"依于仁",在日用常行中时刻依顺本心之仁,才能确保私欲尽去,心德完全。

朱子讲:"驰心于外,便是不仁。"②"巧言令色人,尽是私欲,许多有底,便都不见了。私欲之害,岂特是仁,和义礼智都不见了。"③朱子也讲:"只是心在时,便是仁。……一向外逐,则心便不在,安得谓之仁!'颜子三月不违仁',也只是心在。"④朱熹注意到,心一旦向外追逐,便极易为私欲所害,随着物欲顺流而下,仁心便被破坏,直至义礼智都不复存在。

此外,《朱子语类》中所载的大量对话都表明,朱熹想要通过强调"私欲之深"来展现"克"的重要性,例如:

> 贺孙问:"如今所以难克,也是习于私欲之深。今虽知义理,而旧所好乐,未免沉伏于方寸之间,所以外物才诱,里面便为之动,所以要紧只在'克'字上。克者,胜也。日用之间,只要胜得他。天理才胜,私欲便消;私欲才长,天理便被遮了。要紧最是胜得去。始得。"曰:"固是如此。"⑤

---

① 朱熹著,黎靖德编:《朱子语类》,中华书局1999年版,第1468页。
② 同上书,第479页。
③ 同上。
④ 同上书,第480页。
⑤ 同上书,第1063页。

## 第四章 两宋时期"克己复礼"诠释及其特色

在贺孙和朱熹的问答中可见朱熹对贺孙的表述持赞同态度,贺孙认为本心放失有两个层面原因:一是私欲根深蒂固,导致私欲难克;二是仁心易显,却十分脆弱,极易受外物影响,而难以维持。因此贺孙认为"克己复礼"的关键就在于"克"字上,在于日用之间战胜私欲,保全天理,而显然,朱熹"固是如此"一语,表明其对此持赞同意见。而朱熹亦多次明确指出战胜私欲的重要性,他说:"仁与心本是一物。被私欲一隔,心便违仁去,却为二物。若私欲既无,则心与仁便不相违,合成一物。"①心与仁本是浑然一体,无所间隔,一旦私欲生,则心仁为二。因此,只要私欲去,仁心自会回复至最初的洁净无染状态。可见,朱熹承认私欲是作乱的源头。在工夫论层面,他认为要想控制私欲的发动,就必须学做"勉勉循循"的工夫:"学者工夫只得勉勉循循,以克人欲存天理为事。"②

正因为,为气禀所拘,为人欲所蔽,所以要对治人欲,做到"尽夫天理之极,而无一毫人欲之私。"③《朱子语类》卷六中讲:"告颜子以'克己复礼',克去己私以复于礼,自然都是这意思。"朱熹经常用"克去私意"来解释"克己复礼",而朱熹所讲的具体落实工夫就是致知明理、涵养体察。如《朱子语类》卷二十六讲:"才有私意,便间断了,所以要'克己复礼',便是要克尽私意。"又如:"今人学问百种,只是要克己复礼,若能克去私意,日间纯是天理,自无所忧,如何不是仁。"(《朱子语类》卷三十七)

此处,朱熹使用"私欲"与"私意"两个词汇,但是,总体来讲,《朱子语类》中用"私欲"比"私意"更多。二者的用法有诸多不同,亦有弟子产生疑惑,于是向朱熹请教"如何是私意,如何是私欲?"朱熹如此作答:

> 私意是心中发出来要去做底。今人说人有意智,但看此'意'字,便见得是小,所以不广大。私欲是耳目口鼻之欲,今才有欲,则昏浊沉坠,

---

① 朱熹著,黎靖德编:《朱子语类》,中华书局1999年版,第781页。
② 同上书,第783页。
③ 朱熹:《四书章句集注》,中华书局1983年版,第3页。

即不高明矣。某解此处,下这般字义,极费心思。①

可见,在朱熹那里,私欲和私意是不同层面的东西,"私"有私意和私欲之分,私意是从思虑层面讲,私欲则是从躯体层面讲。私意是从内心生发出来的具有行动指向性的意念,而私欲则专指耳目口鼻之欲,朱熹认为一旦有耳目口鼻之欲,就会陷入昏浊沉坠,高明不再。而朱熹所要"克"去的主要是私欲,是从与"天理"相对的角度而言,强调喜怒哀乐中节之欲,正因为如此,朱熹才会讲:"饮食者,天理也;要求美味,人欲也。"(《朱子语类》卷十三)要求事物味美已经超出果腹之基本需求这一天理的范畴,因而进入人欲之界。

因此,以上可以看出,朱熹强调"克己"之道德实践工夫的优先性,他所认为的"克己复礼为仁"是在道德修养中,力求从私欲障蔽的"非礼"状态,恢复到道德主体能自作主宰的道的本真状态。朱子讲礼特别注重从其道德精神意涵层面去讲,他说:"礼是自家本有底,所以说个'复',不是待克了己,方去复礼。"②朱熹讲礼是先从其本质层面去讲,强调其精神意义,在这个基础上看,克己的过程,同时也是在道德意义上的复归天理的过程。又如《朱子语类》讲:

克己是大做工夫,复礼是事事皆落腔窠,克己便能复礼,步步皆合规矩准绳;非是克己之外,别有复礼工夫也。释氏之学,只是克己,更无复礼工夫,所以不中节文,便至以君臣为父子,父子为君臣,一齐乱了。吾儒克己便复礼,见得工夫精细,圣人说得来本末精粗具举。下面四个"勿"字,便是克与复工夫皆以礼为准也。(《朱子语类》卷四十一)

如其所讲,"克己"是去私欲的工夫过程,亦是"复礼"的过程,复礼也就是复天理的过程。因此,"克己"与"复礼"乃为一事,克己即复礼的过程。此处,朱熹批判佛教只有克己没有复礼,只做了一半的工夫。在朱子那里,礼并不是指外

---

① 朱熹著,黎靖德编:《朱子语类》,中华书局1999年版,第1585—1586页。
② 同上书,第1047页。

在规范形式之礼,而是道德层面、精神层面的礼。可以说,克己的过程,就是礼的道德本质内化于心的过程,因此朱熹才讲"克己者,所以复礼""非克己之外,别有所谓复礼之功。"朱熹非常强调克己一定要落实到真工夫上,要其"亲切贴身体验",而非像释氏那般只从心上做工夫。因此,在朱熹那里,礼不仅有道德含义,工夫实践亦要落到真切处,只有这样,"仁"才能够得以全面彰显。

同时,对于"非礼勿视,非礼勿听,非礼勿言,非礼勿动"这四勿,朱熹讲:"熟味圣言以求颜子之所用力其机,特在勿与不勿之间而已。"(《论语或问》卷六)可以看出,此处朱熹强调在具体的道德实践中,亦要内在的道德价值判断在先,具体的行为合乎外在的礼仪规范在后。因此,朱熹特别强调"用力之机",朱子此处所讲的用力之机就是对于礼的内在精神性的强调。

回过头来,我们再来看朱熹的"仁",仁是朱熹"克己"最终所要达到的境界。对《论语·颜渊》的解读中朱熹明确提出"仁者,本心之全德"这一定义。仁作为儒家的核心理念,非常难定义,可以说这是朱子在经过几十年的思考后给出的谨慎的定义。朱熹认为,在孔子那里所有的概念,诸如孝悌、爱都是精神性内涵,也都是仁,仁不是任何一个具体德目,它是涵括一切的统一体,是孔子对心之全德的高度概括总结,是道德创造的终极根源。

在具体的解读层面上,朱熹继承二程思想,认为仁有专言与偏言之分。在《朱子语类》卷二十中,朱熹回应道:

> 问:"'孝弟为仁之本',此是专言之仁,偏言之仁?"曰:"此方是偏言之仁,然二者亦都相关。说著偏言底,专言底便在里面;说专言底,则偏言底便在里面。虽是相关,又要看得界限分明。如此章所言,只是从爱上说。如云'恻隐之心仁之端',正是此类。至于说'克己复礼为仁','仁者其言也讱','居处恭,执事敬,与人忠','仁,人心也',此是说专言之仁,又自不同。然虽说专言之仁,所谓偏言之仁亦在里面。孟子曰:'仁之实,事亲是也。'此便是都相关说,又要人自看得界限分明。"[①]

---

① 朱熹著,黎靖德编:《朱子语类》,中华书局1999年版,第461页。

"专言"与"偏言"之区分,始自二程《易传乾卦注》,后为朱熹所继承。朱熹亦认为偏言是从"事"上言,涉及孝悌、仁政等具体层面,专言则是从道德层面言,从心上言,包含仁义礼智四德。仁是无所不包的一种德性,而所谓的孝悌之仁等都是"偏言之仁",都是仁的展现。礼中包含了爱敬之心,恭敬之情显发于外的时候就是仁。偏言仁又包含在专言仁中,朱熹云:"至于说'克己复礼为仁','仁者其言也切','居处恭,执事敬,与人忠','仁,人心也',此是说专言之仁,又自不同,然虽说专言之仁,所谓偏言之仁亦在里面。"①

仁作为一种德行,朱熹进一步将之解释为"心之德""爱之理"。他在《集注》中,诸如《学而篇》《雍也篇》等中多次提到"心之德""爱之理"。朱熹44岁左右作《仁说》一文,可以说是朱熹对于"仁"最重要的诠释文本。在这一文本中,朱熹揭示并凸显了仁"心之德""爱之理"两重含义,此文为理解朱子对"克己复礼"一章的诠释提供了很好的文本来源。且朱熹将之与私欲联系起来讲,他说:

> "'仁者爱之理',是将仁来分作四段看。仁便是'爱之理',至于爱人爱物,皆是此理。义便是宜之理,礼便是恭敬之理,智便是分别是非之理。理不可见,因其爱与宜,恭敬与是非,而知有仁义礼智之理在其中,乃所谓'心之德',乃是仁能包四者,便是流行处,所谓'保合太和'是也。仁是个生理,若是不仁,便死了。人未尝不仁,只是为私欲所昏,才'克己复礼',仁依旧在。"直卿曰:"私欲不是别有个私欲,只心之偏处便是。"汪正甫问:"三仕三已不为仁,管仲又却称仁,是如何?"曰:"三仕三已是独自底,管仲出来,毕竟是做得仁之功。且如一个人坐亡立化,有一个人仗节死义。毕竟还仗节死义底是。坐亡立化,济得甚事!"②

在朱熹那里,天理下贯于心为性,也即心之德,但是在现实生活中,天理因人之私欲而遮蔽,因此,在工夫论层面朱熹强调要以"存天理去人欲"为工

---

① 朱熹著,黎靖德编:《朱子语类》,中华书局1999年版,第463页。
② 同上书,第351—352页。

夫手段。朱熹认为仁为心之德，人心的私欲阻隔了心之德的显发和实现，而只要除去私欲，本心之全德则可以完全发挥出来。这也就是朱熹所谓的"有以胜其人欲之私，而全其天理之公矣"①。

在朱熹那里，还有"为仁"的两种不同诠释值得注意，对于"克己复礼为仁"之"为仁"，与后文"为仁由己"之"为仁"是有不同区分的。前者是就"仁"之本质而言，强调"仁"乃"心之全德"；后者则是从工夫论层面而言，强调实践意义。两个"为"字含义不同，典型地体现了一字双义。张崑将教授认为这两个"为"字恰好展现了朱熹就"心上言"与"事上言"体用的两个层面②。

综上，我们可以基本把握朱子"克己复礼"全章的意涵。朱子对于"克己复礼"章的诠释深刻全面，有其理路，在德性与工夫两个层面均有着落，朱子"心之德""爱之理"丰富了传统经典"仁"说，是对孔孟仁说的展开和深化。朱子讲："相去之间，不能以毫发，出乎此，则入乎彼，出乎彼，则入乎此矣。"（《论语或问》卷十二）对于天理与人欲的区隔，朱熹认为相去之间，"不能以毫发"，从中足见他对天理人欲的严格态度，或许也正因为他这种对两者互不兼容的坚决态度，促成和加剧了后世对朱熹"灭欲"思想的误解。而实际上，超越基本生理需求的欲望固然极易使人流于罪恶，然我们亦要认识到，正如孔孟所讲的，仁义忠孝之欲同样也能够引人向善，而且对于完善个人人格有巨大裨益，因此在孔孟那里，人欲本非洪水猛兽般可怕，而是带有浓厚的道德价值面向在内，这告诉我们要重新审视"欲"本身，而非简单粗暴地做出价值判断。然后儒因对于朱子"理欲关系"的理解不够全面深刻，又或许因对"存天理，灭人欲"一语的先有成见，引发了对于朱子经典诠释批判的热潮，后世诸儒各抒己见，莫衷一是，亦推动了经典诠释学的发展。

## 三、持静存心：朱熹道德修养的工夫指向

孔子曾讲："吾道一以贯之。"（《论语·里仁》）然而孔子并没有对一贯之

---

① 朱熹：《四书章句集注》，中华书局1983年版，第92页。
② 张崑将：《朱子对〈论语·颜渊〉"克己复礼"章的诠释及其争议》，《台大历史学报》2001年第27期，第99页。原文为："用朱子的话来说，即是一就'心上言'，一就'事上言'，二者是体用关系。就事上言是偏言之仁，就心上言是专言之仁。"

道展开具体的说明,这便引发了几千年来后世儒者的无限追问。曾子从忠恕两个层面去总结孔子的一贯之道;子贡以"多学而识之"的积学功夫,来理解孔子的一贯之道。此两人都是从具体的层面去讲,并不能概括孔子一贯之道的全部。在笔者看来,孔子以不同的方式指点弟子,归根结底都是"克己复礼"的道理。仁义礼智信、忠孝等无不是仁的展现形式。正如朱子讲:"孔门教人,亦自有等。圣人教人,何不都教他做颜曾底事业?而子贡子路之徒所以止于子贡子路者,是其才止于此。且如'克己复礼',虽止是教颜子如此说,然所以教他人,亦未尝不是'克己复礼'底道理。"(《朱子语类》卷十九)指点语不同,但孔子都是意欲人能够向仁向善,在日用常行中践行仁,体贴作为本心之全德的仁。

朱熹的道德实践亦以心性与天道的贯通为主要课题,"性即理"亦强调从存心养性的角度去寻找成圣成德的方法。朱熹修养工夫论亦首重立本,此"本"既包括道德本源之本,亦是道德实践之本。朱熹讲:"使心不昧,则做工夫底本领。本领既立,自然就下学而上达矣。"(《朱子文集·答何叔京十一》)"大本若立,外面应事接物上道理,都是大本上发出。"[①]

朱熹也强调"敬"的工夫,他说:"敬字工夫,乃圣门第一义。敬之一字,真圣门之纲领,存养之要法。"[②]朱熹持敬之工夫,贯通涵养、省察、致知等道德修养工夫。在持敬的工夫中去除私欲,保持本心光明。

理学家注重于日常生活进行身心修炼,亦不否定静坐等静心工夫,此并不能表明理学家近佛道,而是于动静中以敬去贯动静,保持身心的主宰与主体性。彭国翔亦曾指出,儒家工夫论的一个基本特征,就在于不但不以日常生活为身心修炼的负担,反而恰恰善于将人伦日用的每一个瞬间和场景作为实践身心修炼的机会,在人情世事的风云变幻中始终保有内心的祥和与自由。如果一个人只有在某种特定的身心状态(如静坐和调息)下才能不乱方寸,那么,一旦离开那种人为营造的宁静和安详,卷入纷繁复杂的大千世界,

---

[①] 朱熹著,黎靖德编:《朱子语类》,中华书局1999年版,第4403页。
[②] 同上书,第335页。

第四章 两宋时期"克己复礼"诠释及其特色

又如何保持身心的主宰与凝定呢?①

朱熹"敬"的工夫与心学、释老所讲之敬有根本不同。对此,吴震认为:"朱熹所关注的始终是人心意识的现实状态及其分解状态,如何就现实当中扭转人心的错误走向乃是其思想的核心关怀,故他要求通过层层下就的脚踏实地的居敬工夫以解决如何上达天德、实现心理合一的问题,由此看来,朱熹之主敬亦在另一层面开辟出一条工夫入路的途径,亦不失为儒学的一种理论形态。"②诚然,朱熹所讲之"敬"不仅仅是"存此心",更是一种现实生活的工夫指向,他说:

> 比因朋友讲论,深究近世学者之病,只是合下欠却持敬工夫,所以事事灭裂。其言敬者,又只说能存此心,自然中理,至于容貌辞气,往往全不加功。设使真能如此存得,亦与释老何异?……程子言敬,必以整齐严肃,正衣冠,尊瞻视为先。又言未有箕踞而心不慢者,如此乃是至论。而先圣说克己复礼,寻常讲说,于礼每不快意,必训作理字然后已。今乃知其精微缜密,非常情所及耳。(《朱子文集·答林择之》)

朱熹批判了近世学者仅以"存此心"言"敬",而在"容貌词气"等具体日用工夫上不下工夫。如若只做存心工作,则与释老无异。此处朱子所讲的"能存此心"当为孟子所讲之"本心","自然中理"则是从行为道德之层面去讲。朱熹认为待事接物、容貌词气等具体问题之应对和解决,需要知识之扩充,做主一持敬的工夫,从容貌齐整、衣冠庄严、举止端正、词气稳重等层面做起,在视听言动四个方面做到合乎礼,这也是先圣讲"克己复礼"特重"礼"的原因,朱子讲先圣讲礼"必训作理字然后已"当从《礼记·仲尼燕居》中所载孔子语"礼也者,理也"一句而来。朱熹意在强调不能停留在存心层面,而应当去做具体礼仪,整齐严肃之礼仪本就能内在收敛身心,外在节节中规中矩,踏实而

---

① 彭国翔:《儒家传统:宗教与人文主义之间》,北京大学出版社2010年版,第248页。
② 吴震:《略论朱熹"敬论"》,《湖南大学学报》2011年第1期,第17页。

不落虚空。

具体来讲，朱子之敬包含未发、已发两个方面，他说："未发之前是敬也，固已立乎存养之实；已发之际是敬也，又常行于省察之间。方其存也，思虑未萌，而知觉不昧，是则静中之动，复之所以'见天地之心'也。"(《朱子文集·答张钦夫》)心之已发之前，心体澄明状态是敬，然此诚敬的状态乃立足于存养工夫之上，是存养持敬的结果。因此还要在心之已发的阶段不断做"持敬"与"敬贯动静"的立本工夫。可见，朱熹既注重未发之前的存养，亦注重已发层面的进德修业、格物致知。朱熹工夫进路为，心理为二的格物顺取之进路，此与心学的从心体做工夫有本质区别，与心学的逆觉体认形成鲜明对比。这一区别，从朱熹对孟子"尽心知性知天"的一段论述中，可以更清楚地看出，朱子云：

> 孟子曰："尽其心者知其性也，知性则知天矣。"心体廓然，初无限量。惟其梏于形器之私，是以有所蔽而不尽。人能克己之私以穷天理，至于一旦脱然私意剥落，则廓然之体无复一毫之蔽，而天下之理、远近精粗、随所扩充，无不通达。性之所以为性，天之所以为天，盖不离此，而一以贯之，无次序之可言矣。孔子谓天下归仁者，正此意也。(《朱子文集·答张敬夫》)

在孟子那里，仁是人生而有之，并自然而然显发于具体的行为中。孟子讲尽心知性知天，是基于本心的扩充。而朱熹解孟子尽心知性知天则是从格物致知的认知层面去解，对于孔子"克己复礼"的解释也是在此基础上去提的，通过孟子的尽心知性去讲"天下归仁"，但是朱熹似乎从未真正从"本心扩充"的角度上去理解孟子扩充之义，而只是认知的扩充。牟宗三曾如此判断，他说："孔子言'克己复礼为仁'，是由生活上'克己复礼'以显仁心仁道之呈现，或指点仁之所以为仁之意，而朱子则是由'克己之私'佉心之蔽以穷天下之理。"[1]牟氏之语体现了他对于朱子与孔子区别的判定，孔子意在仁心、道

---

[1] 牟宗三：《心体与性体》下册，上海古籍出版社1999年版，第398页。

心的显现,而朱子致力于袪蔽穷理。

朱子晚年完成四经刊发之后,撰《刊四经完成告先圣文》一文,并在文中自认为"无赧于儒学传承"①。朱熹的理学成就有目共睹。理学和心学有不同的工夫指向,朱子强调学思问辨的格物致知工夫,以致知穷理去解释实然之"心",并在此基础上建立起一套影响深远,远至韩国、日本的道德社会准则。在对于"克己复礼"章的诠释中,朱熹对道德主体的"动态"义,以及对道德实践的"第一义工夫"的理解,显然都有不足,这一弊端在后世逐渐显现,而为后学诸儒所批判。

## 第四节 杨慈湖"克己复礼"解

### 一、"心之精神是谓圣"——慈湖"克己复礼"诠释之基

陆九渊曾云:"学苟知本,六经皆我注脚。"②在陆九渊看来,传统儒家经典皆为发明本心之工具,然遗憾的是,陆氏并没有留下注解儒家经典的专著,但其"六经皆我注脚"的解经理路却在慈湖那里得到了延续和传承。侯外庐曾指出:"宋代理学家通常利用注疏儒家经典来表述和发挥自己的思想观点,但陆九渊却没有留下这方面的著述。……甬上学者的经传著述,以杨简为多,并且借以发挥心学的观点。"③诚然,从学术承继关系上讲,慈湖学术承继象山心学而来,这一承继性在慈湖广涉六经的群经著述中显而易见,同时,慈湖经典诠释之心学特色较之象山更有迹可循,也自成一体。

从诠释特色上看,慈湖自身学术要旨贯穿对儒家经典的诠释之中。郑晓江曾断言:"杨慈湖不仅以心释'六经',也以心释《论》《孟》《庸》《学》等所有他

---

① 朱熹:《朱熹集》,郭齐、尹波点校,四川教育出版社1996年版,第4440页。
② 陆九渊:《陆九渊集》,中华书局1980年版,第395页。
③ 侯外庐、邱汉生、张岂之主编:《宋明理学史》,人民出版社1997年版,第593—594页。

能接触到的儒学经典。"①正如慈湖《杨氏易传》以"以心解易"的诠释特色广为学界所知一般,慈湖对《论语》的诠释同样也呈现出"以心解经"之特色,他对"克己复礼"章的诠释就是"以心立说"这一学术要旨的典型体现。

慈湖与其师象山的学术思想脉络相近,对儒家传统思想的诠释都有心学化的倾向和特色。慈湖学异于象山学的地方在于,象山学受程朱理学影响,仍沿用诸如"理""气""格物致知"等范畴,而在慈湖著述中几乎不见程朱理学痕迹,只于"心"上立说。徐纪芳曾如此评价:"在阐发陆学方面,杨简将陆派心学,再加以'唯我'化,除了'心',不谈象山沿袭之累。摆除一些客观概念,如'理''气'等,单单就'心'作解释。"②较之象山,慈湖的心学体系更加简明纯粹。首先从立论之基上看,象山和慈湖就呈现出较大不同。慈湖以古圣为的,本孔子为说,而象山是本之孟子,"因读《孟子》而自得之于心也"③。慈湖以孔子"心之精神是谓圣"一语作为其整个学术的立论之基。慈湖在阐释"心之精神是谓圣"一语时多次讲道:

> 孔子曰:"心之精神是谓圣"。孟子亦曰:"仁,人心也。"此心即道,故舜曰"道心"。心无形体,故变化无方。④
>
> 孔子曰:"心之精神是谓圣"。孟子亦曰:"仁,人心也"。道在我矣,何假他求? 我即道矣,何必复求?⑤

可见,尽管此处杨慈湖并未否认孔孟二人在"心"之讨论上存在着承继关系,并肯定孟子在"开明人心"⑥上的重要贡献,然也要指出的是,对于孟子思想的评价,慈湖整体上持一种"小觉而大非,其言多害道"⑦的态度,对于以往

---

① 郑晓江、李承贵:《杨简》,台湾东大图书公司1996年版,第207页。
② 徐纪芳:《陆象山弟子研究》,文津出版社1990年版,第136页。
③ 陆九渊:《陆九渊集》,中华书局1980年版,第498页。
④ 杨简:《慈湖先生遗书》,收录于《杨简全集》第8册,董平校点,浙江大学出版社2016年版,第2079页。
⑤ 同上书,第2134页。
⑥ 杨简:《慈湖遗书》,四明丛书本,台湾"国防研究院"印行,1966年,第375页。
⑦ 同上书,第245页。

## 第四章 两宋时期"克己复礼"诠释及其特色

学者多以孟子为心学发端,而在论述时多本孟子为说,而忽略孔子之言,慈湖颇不以为然,认为与古圣之意相去甚远。在慈湖看来,"以心言仁"并非始于孟子,而是最早见于孔子"心之精神是谓圣"的论述。

"心之精神是谓圣"一语是解读慈湖心学的关键,也是理解象山和慈湖学术分殊的关键,慈湖"克己复礼"诠释的理路亦完全建立在这一句的基础之上。因此,要想完整把握慈湖克己复礼解的理路,首先要弄明白这一句话在慈湖学术体系建构过程中的重要意义。

慈湖一生中经历多次悟道,陈来曾评价杨简"富于神秘主义气质,其为学历程每与神秘体验相伴"[1]。一方面,慈湖从小受到其父"时复反现"的工夫理念的熏陶渐染,亦时常反观自省,静思力索,对于世间万物有无通为一体有深刻的体悟;另一方面,慈湖与师友论道的过程中多有悟道体验,最重要的则莫过于与象山论道的经历。简而言之,家学渊源深刻影响慈湖的进学路线,而与象山的论道经历则让慈湖正式确立了学术志向和学术特色。

慈湖曾自述"参象山学犹未大悟",直至遇到"心之精神是谓圣"一语后才豁然顿解,此后无论是叙述碑记,还是讲论经义,都"未尝舍心立说"。[2] 足见此语对慈湖而言意义非凡。慈湖曾在论著中详述了32岁时于富阳向陆象山请教悟道的经历,此次悟道,慈湖体悟到心体之澄然清明无碍及其妙用,始知圣人"心之精神是谓圣"之意,他在《家记三》中曾自言:

> 某尝读大戴所载孔子之言,谓忠信为大道。某不胜喜乐,乐其深切著明。某自总角承先大夫训迪,已知天下无他事,惟有道而已矣。穷高究深,年三十有二,于富阳簿舍双明阁下,侍象山先生坐,问答之间,忽觉某心清明,澄然无滓,又有不疾而速,不行而至之神用。此心乃我所自有,未始有间断,于是知舜曰"道心",明心即道。孟子曰:"仁,人心也。"其旨同。孔子又曰:"心之精神是谓圣。"某知人人本心,皆与尧、舜、禹、

---

[1] 陈来:《宋明理学》,辽宁教育出版社1991年版,第211页。
[2] 叶绍翁:《四朝闻见录》,符均注,三秦出版社2004年版,第61页。

汤、文、武、周公、孔子同,得圣贤之言为证,以告学子,谓吾心即道,不可更求。①

尽管慈湖师承象山,然其学术立根之基则是在与象山对谈的过程中悟道得来,此次悟道经历是慈湖学术由理学转向心学的重要转折点。在悟道之前,慈湖秉承先大夫的启迪,开启道德之端,以为世间之事无他,不过皆道而已,可知此时慈湖仍处在程朱理学范畴之内,直到在向象山请教问答之间,忽然进至心体的清明、澄然、无滓的境地,并且体会到不行而至之体万物神妙之用,才正式将圣人所讲之"道"与"心"对接,也才真正确立"明心即道"的要旨,此旨与孟子所讲的"仁心"相同,也与《孔丛子》一文中所讲的"心之精神是谓圣"相同。换句话说,慈湖此次悟道,正式确立了"明心即道"的学术旨要,以及"吾心即道,不可更求"的即心求道的工夫路线。此后慈湖便致力于阐发"人人本心",强调心即道,不可离心外求。

实际上,考据史料可知,"心之精神是谓圣"一语并非《论语》原文,而是出自在学界备受争议的孔家杂记之书——《孔丛子》。慈湖在著作中反复提到此句,对此语深信不疑,更把此句看作自身学术立根之语。慈湖对"心"高度信任,甚至其学术展开完全立足于这一根基。反观《孔丛子》一书,在《记问》第五讲中记载:"子思问于夫子曰:'物有形类,事有真伪,必审之,奚由?'子曰:'由乎心。心之精神是谓圣。推数究理,不以物疑。周其所察,圣人难诸。'"②

从内容上看,孔子此处讲"心"的确是从"心之精神"层面去回应子思"辨别形类事伪"之问。世间万物各有其形状类别,事物亦有是非真伪,这就需要发挥"心"的辨明析理的能动性,去审视和推究事理,把握规律与本质,通过把握心体的清明睿智,自然洞知世间万物而无所惑。

慈湖在注经过程中多次借"心之精神是谓圣"一语阐发经义,比如其在

---

① 杨简:《慈湖先生遗书》,收录于《杨简全集》第8册,董平校点,浙江大学出版社2016年版,第2069页。
② 孔鲋:《孔丛子》,商务印书馆1936年版,第30页。

《周颂·维天之命》中注释《乾卦》时曾借此说明"心无性体"与"心之未始不善"。慈湖回归孔子之言,以孔子"心之精神是谓圣"为论据,将心学与孔子之学挂钩,此与象山将学术立根于孟子有根本不同。又如,慈湖反复强调"孔子曰:'心之精神是谓圣',故直心为德,舜曰'道心',明心即道。"①慈湖借孔子之语,意在凸显心之道德性,从而引出明心即道的结论。象山更多的是从天理言心,本心即理,心可以认识、发用、实践一切理,而慈湖所言之"心"则侧重从心体层面言其虚明之义。从上文论述也足见慈湖对《孔丛子》所载孔子此语的重视,然客观来讲,《孔丛子》一书之真伪性仍然存疑,难获得证实或者证伪,比如宋儒朱熹就坚持其是伪书而不具可信度。从内容上看,此书传为孔子八世孙孔鲋所作,为记述孔子及后代子孙的言行之书。慈湖在讲学中把"心之精神是谓圣"一语奉为"古圣遗训",并将其阐微为"谓学道之初,系心一致,久而精纯,思为自泯。"②实为从古书寻求理论源头,借孔子此言阐发其心学思想。慈湖将"心之精神是为圣"一语作为己学之宗旨与立命之处,在学理上仍然存在明显的不足和缺陷,可想而知,遭到了诸多后世儒者的诟病和批判。例如,明代湛甘泉就曾批判慈湖"心之精神是谓圣",认为此句并非孔子之言,是"外家者之流""异教宗旨"。作为慈湖学术大厦的立根之基,这一根基一旦动摇,慈湖的整个学术建构则会受到巨大的冲击。

承上,慈湖侧重从心学角度去阐释《论语》,是为对象山心学的继承无疑,然而,与以往学界认为孟子首开心学之源不同,慈湖学术立根之处是直接追溯至孔子之言,以孔子之言为立论之终极根据,尽管在论证的合法性上尚有讨论的空间,但仍然在一定程度上开拓了心学发展脉络的新视角新思路。这一充满心学特色的学术立根之处使得慈湖的学术打上了心学的烙印,也在根本上决定了其修养工夫论的走向,即无须向外探求,而是向内发明本心、复性自足的过程,此种倾向与下文对慈湖"克己复礼"的诠释特色分析可以互相印证。

---

① 杨简:《慈湖先生遗书》,收录于《杨简全集》第 8 册,董平校点,浙江大学出版社 2016 年版,第 2120 页。
② 杨简:《慈湖遗书》,收录于《儒藏(精华编二三七)》,刘固盛校点,北京大学出版社 2014 年版,第 901 页。

## 二、"礼即人心之妙用"——慈湖"克己复礼"诠释之体

从诠释进路来看,慈湖诠释"克己复礼"的特色首先体现在他将"礼"与"心"挂钩,此"以心解礼"的心学路线也是对慈湖"心之精神是谓圣"这一心学根基的纵向延伸。慈湖言:"人心非血气。非形体。精神广大无际畔。范围天地,发育万物。何独圣人有之,人皆有之。时有古今,道无古今。形有古今,心无古今。"[1]可见,慈湖所言之心并非物质之心,而是作为一种精神性存在之心。在这个意义上,心是无古无今、无始无终。在此基础上我们再来看慈湖以心解礼的特色,他在《论论语上》中讲:

先生曰:"孔子答门人之问,每每不同,各去其蔽尔,或有非切要者,唯林放问礼之本,子曰:大哉问!以礼之本难言,礼即人心之妙用。奢易放逸则非道使放,即俭戚而忽觉焉,虚明澄一,即太一、即天地、即四时、即经礼三百、曲礼三千、无本无末、非异非同、非有非无、不可度思、矧可射思。"[2]

由上文可知,慈湖以"人心之妙用"来阐明礼非外至,而是人心所本有之观点。慈湖认为,从本心的层面去看,经礼三百、曲礼三千之外在形制与太一、天地相互契合,并无分别,皆是由心所发。又如,慈湖在解释"吾尝终日不食,终夜不寝,以思,无益,不如学也"(《论语·卫灵公》)一句时复又强调:"孔子于此深省天下何思何虑,实无可思虑者。经礼三百,曲礼三千,皆吾心中之物,无俟乎复思,无俟乎复虑。至于'发愤忘食',虽愤而非起意也。"[3]可见,在经典诠释中,慈湖始终从心学的角度去看待"礼",把"心"作为衡定一切的准则,并自认为礼为人心中之物,无须再加以思虑这一解释,展现了孔子原

---

[1] 杨简:《慈湖先生遗书》,收录于《杨简全集》第8册,董平校点,浙江大学出版社2016年版,第1925页。
[2] 同上书,第2091页。
[3] 同上书,第2084页。

## 第四章 两宋时期"克己复礼"诠释及其特色

意。而较之慈湖,象山对"礼"的解释仍然具有"以理解礼"的理学色彩,他说:"礼者理也,此理岂不在我?"①"仁即此心也,此理也。"②"人皆有是心,心皆具是理,心即理也。"③象山认为,礼在本质上是理的外在展现,经由礼即理,心即理的二重转换,象山亦得出此理在我的结论。因此,从根本上看,象山解"礼"亦实现了以"心"解礼的转换,只是较之慈湖仍未彻底摆脱理学之讨论论域。

相反的是,慈湖对当时学者以理释礼,舍礼言理的趋向进行了质疑和批判,他以《小戴礼记》为例,对"礼自外作"以及前儒"以理为礼"进行了激烈批判,这主要体现在他解释《论语》"君子博学于文,约之以礼,亦可以弗畔矣夫。"一句,他说:

> 夫读书为学者,文也;三百三千者,礼也。或者以礼为理,非的也。礼固理之不可易者,而必易以理为礼,则不可也。盖因《小戴记》有曰:"礼也者,理之不可易者也。"故近世学者多以理释礼,舍礼而言理,以三百三千之众多,疑其不可以为约也,故必归之于理。不知夫三百三千,条理虽多,为礼则一。三百三千非自外至,皆由人心以生者也。尊尊卑卑,升降揖逊,周旋裼袭,皆循吾心之所安,加一毫不可也。一而已矣。不必舍三百三千而言也,即礼而未尝不约也,即其至繁而未尝不至简也。《小戴记》有曰"礼自外作"者,非知礼之言也。博学之初,多识前言往行,不胜其多,故曰博,犹未得返约之本。至于礼则一贯矣,约矣。惟近世学者沉溺乎义理之意说,胸中长存一理不能忘舍,舍是则嗒焉无所依凭,故必置"理"字于其中。不知圣人胸中初无如许意度。此曰"博文约礼",正谓三百三千之礼,岂不易简?岂不中庸?岂非天下之至理?若必舍礼而言,乃不知理。④

---

① 陆九渊:《陆九渊集》,钟表哲点校,中华书局2008年版,第159页。
② 同上书,第5页。
③ 同上书,第149页。
④ 杨简:《慈湖先生遗书》,收录于《杨简全集》第8册,董平校点,浙江大学出版社2016年版,第2115—2116页。

可见,慈湖强调虽然"礼"本身固然内含不可易之理则,然以"理"为礼仍行不通。慈湖认为近世学者,仅凭《小戴礼记》中所载"礼也者,理之不可易者也"一句而多以"理"解"礼",甚至"舍礼言理",是不能正确把握"礼"本为一的。慈湖批评《小戴礼记》"礼自外作"之语,认为其不知礼。在慈湖看来,博学还要约礼,要反约之本,即礼之一贯之道。慈湖批评近世学者沉溺义理探究,而忽略易简之道,舍礼言理,亦是不知理。而为了进一步论证自己的观点,杨慈湖复又以董仲舒为例,对其与自己迥然相异的以政解经之理路提出了批判。他说:"仲舒支离屈曲,不知仁义礼乐乃道之异名,而以'具'言,则离之矣。不知仁义礼智信皆人心所自有,不假修饬。"[①]董仲舒解经从社会治理层面入手,以经世为要,政治色彩浓厚,而杨慈湖则认为此种以政解经之路线,是对圣人之道的误解,在工夫层面上会造成"支离屈曲"的弊端。慈湖旨在强调仁义礼智信五常皆为人心所本具本有,董仲舒解经思路的本末倒置,直接造成本心主体地位的丧失。

综上,在慈湖那里,"心"既是最高范畴,也是万物之源,在此意义上,慈湖心学从简易直截上讲比象山走得更远,也更彻底。在此基础上,慈湖进一步把"礼"等之于"人心之妙用",这在学术史上具有非常重要的意义,可以说在理论层面首开以心解礼之先河。不仅是对前儒以礼制解仁的批判,也启发了后世心学的研究进路。

## 三、"能己复礼,则为仁矣"——慈湖"克己复礼"诠释之用

从学术史的角度讲,尽管象山亦有以心解经的学术倾向,然并未形成系统完整的解经著作。在此意义上,慈湖可以说是学术史上系统地以心解"克己复礼"的第一人。慈湖"克己复礼"解的立论之基、诠释进路,乃至工夫论层面,都与传统理学诠释法迥然相异,彻底地贯穿了心学理路。在训解"克己复礼"时,他明确提出:

---

① 杨简:《慈湖先生遗书》,收录于《杨简全集》第8册,董平校点,浙江大学出版社2016年版,第2174页。

## 第四章 两宋时期"克己复礼"诠释及其特色

克有二训：能也，胜也。《左氏》谓楚灵王不能自克，继以孔子"克己复礼"之言为证。是谓克为"胜"，而未必孔子本旨。果尔也，以颜子粹然之质，加以屡空之学，虽未能至于无过，过亦微矣，何俟于克而胜之也？《诗》《书》所载，多以"克"为"能"，况此孔子又继曰"为仁由己"，殊无克胜其己之意。且一"己"字，无二义也。大哉己乎！由孔子而来至于今，千有余岁，知其解者鲜矣。己本无过，本于天地为一，亦能范围天地，亦能发育万物，不独圣人有此，夫人皆然，尧舜与人同尔。孔子曰："心之精神是谓圣。"孟子亦曰："仁，人心也。"道在我矣，何假他求？

礼亦非己外之物。礼者，我之所自有。凡礼之所有，皆我心之所安，复我本有之礼，斯已矣，复何所为？是己尚足以范围天地，则天下安有不归吾仁？

再言"由己"，所以明仁道之在我。颜子于是虽领会，犹疑其复有条目之事，孔子又告之曰："非礼勿视，非礼勿听，非礼勿言，非礼勿动。"盖曰不过礼而已矣，无他事也。[①]

由上可知，慈湖诠释"克己复礼"有着清晰的逻辑理路。首先，慈湖从训诂角度上对以往训"克"为"胜"提出质疑。从训诂角度讲，"克"字有"胜"与"能"两种训解方法，然慈湖认为尽管根据《左传》中所举楚灵王的例子，"克"有"胜"之意，然此并非孔子本意。慈湖认为以颜回聪睿静止、粹然之质，即使不能无过，过错亦甚微，因此慈湖推出孔子此处原意并非"胜"义，再根据《诗》《书》记载，得出"克"应为"能"之义。其次，慈湖认为二"己"字内涵应一致无二，并认为孔子以来，鲜少有能正确解"己"者，慈湖把"己"看作与天地为一，人皆有之圆满自足的仁心，并认为此"己"与尧舜之心并无二致，进而他又转引孔孟言心之语加以论证，提出仁心自足、无须他求的核心观点。最后，慈湖又着眼于"礼"，强调"礼"亦非心外之物，皆是由心而来，为我本有，为心之所安。而所谓的复礼，即返归本心，复我本有之礼，从心出发足以范围天地，天

---

[①] 杨简：《慈湖先生遗书》，收录于《杨简全集》第8册，董平校点，浙江大学出版社2016年版，第2134页。

下自然归于吾仁。

在此基础上,慈湖最终得出"明仁道之在我"的结论,他说:"我即道矣,何必复求?颜子劳于钻仰,欲从末由,尚疑道之在彼,孔子于是教之以至易至简之道,曰:能己复礼,则为仁矣。"① 慈湖认为孔子谆谆教诲,其不过是想让我们明白"易简之道",在于返归本心、守卫仁心而已。而慈湖在训诫弟子时,亦时常用"仁守"一词,强调"仁守之道",他说"至是,又问'仁守'之道,夫子告以'能克己复礼则仁'"。② 杨慈湖主张"仁"与"礼"皆是我所本有,都在吾心中,因此要做的只是守住这颗仁心,而在外在上则不需要再去有所作为方能实现。

此外,慈湖在与钱诚甫的书信中也谈到了"克己复礼"问题,他说:"颜渊问仁。子曰:'克己复礼为仁。'克,能也,能以己复我本有之礼。礼非私意,皆道心之变化。"此处慈湖更简明直截地将"克己复礼"解为"能己复礼",并格外强调"礼"的诠释,他认为此处所讲之"礼"并非私意,更不是外在的礼制,而是都是道心的变化和展现。

从慈湖"克己复礼"解释的"本心即礼"的诠释特色可知,其在工夫论层面上必然指向心。慈湖认为"道无不明,人自不明"③,人心本身也是"自本自根,自身自明"④,慈湖在此基础上进一步提出了"不起意"的工夫理论。本心即礼,要从心上出发,关键在于不起意,认为只有"不起意""不动意"才能保持道体与心体的精一。他说:

> 人谁无好善改过之心?或有以为难而不能迁改者,患在于动意。惟能不动意,则虚中无物,如镜如空,何善之难迁?何过之难改?舜闻一善言,见一善行,若决江河,沛然莫之能御者,以舜之道心精一,故无有阻滞也。⑤

---

① 杨简:《慈湖先生遗书》,收录于《杨简全集》第 8 册,董平校点,浙江大学出版社 2016 年版,第 2134 页。
② 同上书,第 2135 页。
③ 杨简:《慈湖遗书》,四明丛书本,台湾"国防研究院"印行,1966 年,第 373 页。
④ 同上书,第 191 页。
⑤ 杨简:《慈湖先生遗书》,收录于《杨简全集》第 7 册,董平校点,浙江大学出版社 2016 年版,第 1981 页。

第四章 两宋时期"克己复礼"诠释及其特色

> 学者观孔子曰"君子无终食之间违仁",往往切意饮食之外,自有所谓仁之道,以此求仁,却行而求前也。不知夫举匙施箸,仁也;咀嚼厌饫,仁也;别味知美恶,仁也。但于其中微起焉,则心始动始迁,始不仁矣。仁,人心也。人心清明,澄然如鉴,万象毕照,而不动焉。①

由上可知,在慈湖那里,心为工夫的主体,但其工夫的具体展开却着眼于意念的不动上。以为只要不动意,心体就会始终保持虚中镜空的状态,以为只要做守护排外的工夫,就能够保持道心精一,无有阻滞。进而慈湖还提出人心即仁,不能于饮食之外求仁,要保持心不动的状态去守护仁心,强调只要保持人心清明,则万物毕照,因此慈湖在《绝四记》中还曾详细说明了心与意的关系与分别,他说:

> 何谓意?微起焉,皆谓之意;微止焉,皆谓之意。意之为状,不可胜穷,……然则心与意奚辨?是二者未始不一,蔽者自不一。一则为心,二则为意;直则为心,支则为意;通则为心,阻则为意。直心至用,不识不知,变化云为,岂支岂离?感通无穷,匪思匪为。孟子明心,孔子毋意,意毋则此心明矣。②

可见,慈湖认为意念的微起和微止都属于意的范畴。意念纷杂,心意难辨,而二者的区别在于通达与否,心为直为通,可以直接发用,感通无碍,而意念则为支离、为阻隔,为私念。因此要做明心去意的工夫,这也是孟子讲明心见性、孔子讲四勿的原因。

慈湖"不起意"的工夫论与象山的发明本心说在根本上都是从心体做工夫,但是在工夫的入手处二者却有极大不同。一方面,正如黄宗羲所言:"象

---

① 杨简:《慈湖先生遗书》,收录于《杨简全集》第8册,董平校点,浙江大学出版社2016年版,第2095页。
② 杨简:《慈湖先生遗书》,收录于《杨简全集》第7册,董平校点,浙江大学出版社2016年版,第1856—1857页。

山说颜子克己之学，非如常人克去一切忿欲利害之私。盖欲于意念之所起处，将来克去。故慈湖以不起意为宗，是师门之的传也。"①杨慈湖对于"克己复礼"的阐发，以象山学为理论来源，从"意念所起处"入手去做克去的工夫，以"不起意"为宗旨，是对陆象山所创心学的传承。另一方面，慈湖与象山的共同之处，在于二人都强调"识得本体"，区别在于象山以发明本心为工夫之入手处，而慈湖则将其看作工夫之完结处。在慈湖和象山心学承继和发展关系的厘清上，黄宗羲的分析可以说是恰如其分。

综上可知，慈湖那里，人心本就"清明虚朗"圆满自足，所需要做的就是守住本心这一状态，因此慈湖提出"不起意"的守心法门，认为只要做守住心门的工夫，去掉外在私欲遮蔽即可。相对于孟子的"求其放心""扩充本心"，强调用仁义礼智去战胜私欲的工夫，慈湖完全忽略了外在扩充的工夫，而是转为一味地做被动的守护与防守工夫来保持本心虚明。慈湖这种工夫路径亦因为近佛道而受到后来儒者的剧烈批判，比如朱熹就认为慈湖近禅，曾多次在文中批评慈湖"好立偏论"②；"杨敬仲学于陆氏，更不读书，是要不'实诸所无'；已读之书，皆欲忘却，是要'空诸所有'。"③又如，王阳明曾评价慈湖学术："不为无见，又著在无声无臭上见了。"④此外，日本学者如岛田虔次、荒木见悟等学者亦认为慈湖学术有偏于静观、以静观吸收动用的倾向。可见，学界广泛认同慈湖之学偏于静观。整体而言，慈湖在理学的时代氛围之下，本之孔孟，接续象山，以"圣人之心"去洞烛世间万物，为心学的推展做出了一定贡献，然其以"不起意"为宗的学术理论也不可避免地削弱了儒学在道德意识、经世致用等层面的内涵。

从心学发展的角度来看，心学一脉肇端于孟子，接续于陆九渊，发展至南宋慈湖，"心"的地位得到极大提升，心学在理论层面获得极大拓展。杨慈湖以心解经之理路在包括象山在内的大儒那里都极为少见。在此意义上，慈湖

---

① 黄宗羲：《宋元学案·卷七十四：慈湖学案》，中华书局1986年版，第69页。
② 朱熹著，黎靖德编：《朱子语类》，崇文书局2018年版，第2268页。
③ 同上书，第2267页。
④ 王守仁：《王阳明全集》上册，吴光、钱明、董平等编校，上海古籍出版社2011年版，第131页。

对心学的拓展具有极其重要的学术史意义。慈湖之学承继象山"以心立说"之学统而来,又在象山的基础上以心解经,把心学的主张贯彻得更加彻底,这在朱子学一统天下的南宋时代可谓极为难得,可以说,慈湖心学开启了南宋学术之新气象。慈湖心学对后世儒者特别是阳明后学解经范式产生了极大影响。吴震曾讲:"从16世纪以降明代心学的思想发展中可以发现,在'克己复礼'的问题上出现了几乎是颠覆性的重新解释。"[①]就"克己复礼"诠释而言,慈湖的诠释方法一扫以往的理学诠释路径,开启了一个全新的心学解释视域,成为明代"克己复礼"诠释热潮的前奏。

---

① 吴震:《罗近溪的经典诠释及其思想意义——就"克己复礼"的诠释而谈》,《复旦学报(社会科学版)》2006年第5期,第73页。

# 第五章
# 明代"克己复礼"诠释及其特色

## 第一节 明代心学与"克己复礼"诠释

南宋以来,在朱子学的广泛影响之下,儒学界出现此亦一述朱,彼亦一述朱的状况,儒家学术工夫路径亦一度陷入支离外求的状态,这种情况直到明代王阳明致良知学的出现才被打破。王阳明作为明代心学发展高峰的代表人物,其阳明学一出,即打破了理学一统天下的局面,掀起一股心学的热潮,并形成与朱子学一派分庭抗礼的局面。清代方以智曾讲"天下病虚,朱子救之以实;天下病实,阳明救之以虚"[①]。朱子所处时代,佛道二教盛行,对于儒学形成挑战,朱子创立理学,扭转了学界流于释道的局面,而阳明之学则又是对于朱学心理为二的反省与工夫路径支离流弊的扭转,同时也丰富了儒家在道德形上学层面的意涵。正因如此,牟宗三才认为陆象山与王阳明二人是由孔子之仁与孟子之本心说出发,直接完成儒家道德形上学的学者。[②]

在王阳明之后,阳明后学诸儒各承阳明之旨,发阳明之未发,在明代中后期的思想界持续活跃,这使得心学成为明代中晚期的学术风尚和思想主流。从学术研究角度讲,研究阳明后学诸子学术思想是进入明代儒学的重要门径,而阳明后学诸儒各自禀赋、体证不同,在各执其方、领悟证学的过程中,他们对良知学产生不同的见解,开辟出旨趣各异的工夫进路,在丰富和发展阳

---

[①] 方以智:《青原志略》,华夏出版社2012年版,第360页。
[②] 参见牟宗三:《从陆象山到刘蕺山》,台湾学生书局1990年版,第224页。

明学的同时,也使之不可避免地走向了学术分化。所以,在阳明后学诸派中,既有"不学不虑"之形上精微进路、"百姓日用即道"之形下进路,又有于心体立根,"工夫贯彻上下内外"的统合进路。与此同时,明代晚期的《论语》学诠释亦出现心学与易学融通之趋势。

## 第二节 于一念发动处去欲
### ——王阳明"克己复礼"解

王阳明并没有注解《论语》的专著,他对于《论语》学思想的洞见主要散见于其文集,融汇于其心学思想中。阳明之学被看作"实践之学",因其主张透过实践的工夫展现个体生命价值,同样,阳明一生亦是实践的一生。与倾注"平生精力"去注解"四书"的朱熹不同,王阳明不喜注释,直到晚年才撰述了《大学问》,且其著录特色与朱熹注"四书"有显著不同,阳明更倾向于综合把握整体思想,而非拘泥于语句、字词的训诂。

对于阳明的学术历程,黄梨州在《明儒学案》如此总结,他说:

> 先生之学,始泛滥于词章,继而遍读考亭之书,循序格物,顾物理吾心,终判为二,无所得入。于是出入佛、老者久之。及至居夷处困,动心忍性,因念圣人处此,更有何道?忽悟格物致知之旨,圣人之道,吾性自足,不假外求。其学凡三变而始得其门。[①]

阳明在悟道之前遍读朱子之书,并践行居敬持志、循序格物之工夫,但在这个过程中发现外在物理与本心始终无法凑泊,对词章之学的探讨虽博,仍旧无法进至对于"道"本身的体悟之境,阳明在悟道之后,将这种困境称为"物理吾心,终判为二"[②]。直到龙场之悟,阳明才悟知"心即理",以往求仁路径

---

[①] 黄宗羲:《明儒学案》,沈芝盈点校,中华书局2008年版,第180页。
[②] 同上。

方向错误,才明了"吾性自足,不假外求"①,从此开启了心学之路。

阳明心学与程朱理学不同,其着眼点在良知本体,阳明"致良知"之学本于孟子"人之所不学而能者,其良能也。所不虑而知者,其良知也"(《孟子·尽心上》)。良知本心能够自发地知仁义、是非、好恶,阳明与孟子一样,都是将良知收摄到道德本心层面上讲。孟子以心论礼、仁内义内的思想,在阳明学术中有非常深刻的体现。甚至可以说,随着阳明对内圣之学的系统化、纵深化,孟子的道德心性论也得到了极大的发挥并渐至圆熟。阳明所讲的良知,不仅是道德的主体,也是实践的主体,良知能对世间万物做出价值判断。一个典型的表现,就在于在阳明那里,"求仁""求义""去欲"的道德工夫都不能外心而求。他在《传习录》中如此讲道:

> 心一而已。以其全体恻怛而言谓之仁,以其得宜而言谓之义,以其条理而言谓之理;不可外心以求仁,不可外心以求义,独可外心以求理乎? 外心以求理,此知行所以为二也。求理于吾心,此圣门知行合一之教,吾子又何疑乎?②

阳明所讲之心,亦是一种德性的全体,心为一体,良知亦是一体。此良知心体可以生发出不同的德行,心体之"全体恻怛"就是仁,心体之得宜就是义,心体之条理就是理。从本心出发,心真诚恻怛、虚灵不昧之状就是仁,应事得宜就是义,问题之条理准则就是理。可见,阳明都是立于心体之上,去言仁、义、理,并认为此三者都要本诸心而不能外求,外心求仁、求理、求义,都是将知行割裂为二,与圣门所讲知行合一之教相违背。

阳明认为心体本是圆满自足的,只是会被私欲遮蔽,因此只要做去欲的工夫,就可以恢复良知本体之清明。因此他讲:"心即理也,此心无私欲之蔽,即是天理,不须外面添一分。以此纯乎天理之心,发之事父便是孝,发之事君

---

① 黄宗羲:《明儒学案》,沈芝盈点校,中华书局2008年版,第180页。
② 王守仁:《王阳明全集》上册,吴光、钱明、董平等编校,上海古籍出版社2011年版,第48页。

## 第五章 明代"克己复礼"诠释及其特色

便是忠,发之交友治民便是信与仁。只在此心去人欲、存天理上用功便是。"①

在"存天理去人欲"的解读模式之下,可以说,朱熹的"克己复礼"诠释本身有其完整的系统性和思理性。而作为与朱熹学术鲜明对立的一方,阳明是如何看待"克己复礼"这一命题的诠释?他是否对朱子解提出了截然相反的评判?还是仅仅存在于工夫论层面上的对立?这些都是本书即将要探讨的范围。

众所周知,阳明与朱子在诸多问题上相对立,阳明对朱子学有诸多批评,然与此同时,在经典诠释上仍然存在诸多一致之处,比如"克己复礼"诠释问题,林月惠教授曾提到:"即使是与朱熹对立的王阳明,也未曾质疑朱熹此章有关'克己复礼'的解释。"②而事实上,阳明虽未对朱熹"克己复礼"做出学理上的批评,而在心学体系之下,工夫论路径层面已有显著不同。以下分四个方面展开。

首先,"存理去欲"是朱熹和阳明在道德实践层面上的共同主张。阳明很多关于"天理"与"人欲"的讲法,都展现出他对朱熹理学的继承,如他讲"去得人欲,便识天理。""此心真切,见善即迁,有过即改,方是真切工夫。如此则人欲日消,天理日明。"可见,阳明与朱熹一样,都肯定人欲尽去,即是天理。然同时必须指出的是,"天理"的内涵在阳明这里已经发生改变,在阳明"心"即"天理"话语系统之下,其工夫指向亦注定要发生变化。

"人欲"在宋明理学系统中是一个非常重要的关键词,朱熹和王阳明二人都承认"人欲"的存在。朱子在解释"明德"的时候提到:"人之所得乎天,而虚灵不昧,以具众理而应万事者也。但为气禀所拘,人欲所蔽,则有时而昏;然其本体之明,则有未尝息者。故学者当因其所发而遂明之,以复其初也。"③而阳明在《大学问》中亦讲:"大人者,以天地万物为一体也。其视天下犹一

---

① 王守仁:《王阳明全集》上册,吴光、钱明、董平等编校,上海古籍出版社2011年版,第3页。
② 林月惠:《阳明后学的"克己复礼"解及其工夫论之意涵》,《法鼓人文学报》2005年12月第2期,第163—164页。
③ 朱熹:《四书章句集注》,中华书局2011年版,第4页。

家,中国犹一人焉。若夫间形骸而分尔我者,小人矣。大人之能以天地万物为一体也,非意之也,其心之仁本若是,其与天地万物而为一也。"① 又讲:"是故苟无私欲之蔽,则虽小人之心,而其一体之仁犹大人也;一有私欲之蔽,则虽大人之心,而其分隔隘陋犹小人矣。故夫为大人之学者,亦惟去其私欲之蔽,以自明其明德,复其天地万物一体之本然而已耳。非能于本体之外而有所增益之也。"②

阳明"去欲存理"的论述大多出现在与门人陆澄的论学中。如在讨论"为学工夫"时,阳明如此讲道:

> 教人为学,不可执一偏,初学时心猿意马,拴缚不定,其所思虑多是人欲一边。故且教之静坐、息思虑。久之,俟其心意稍定。……须教他省察克治……须有个扫除廓清之意。无事时,将好色、好货、好名等私欲逐一追究搜寻出来,定要拔出病根,永不复起,方始为快。……一念萌动,即与克去。斩钉截铁,不可姑容与他方便……到得无私可克,自有端拱时在。③

上文中,阳明详论了在教人为学活动中的"省察克制"工夫。阳明认为初学时须通过静坐息思虑,来收摄身心,平息念虑,稳定心意,在此基础上,仍同样需要做省察克制的工夫,来时刻审视自我,扫除廓清一众私欲念虑,阳明连用"追究搜寻""永不复起""不可姑容"等词汇,凸显出其态度之严厉与坚决,力求通过省克的工夫,确保所有念虑都源出良知,依理而发,进入端拱常在,洁净精微的状态。

与此同时,阳明仍格外提醒,仅仅做静坐涵养的工夫是不够的,静坐涵养的一个弊端就是遇事则倒,阳明认为此"是徒知静养而不用克己工夫"的缘

---

① 王守仁:《王阳明全集》中册,吴光、钱明、董平等编校,上海古籍出版社2011年版,第1066页。
② 同上书,第1066—1067页。
③ 王守仁:《王阳明全集》上册,吴光、钱明、董平等编校,上海古籍出版社2011年版,第18页。

故,他说:"如此,临事便要倾倒。人须在事上磨,方立得住,方能'静亦定,动亦定'。"①阳明认为,道德必须落实到应事接物上,而过度沉浸于静的工夫,极易造成"喜静厌动之弊",从《传习录》中阳明多次的表达,呼吁从事上磨炼,时刻省思念虑,可以看出阳明对此的担忧和批判。不管动时还是静处,如若都能省察克制,归于理性,进入动静自如,澄然贞定的境界,此亦是道德理性全幅呈现的状态。

阳明亦批判了当时只讲不做、流于口耳的空疏不实之学风,认为此并非真正的格物致学,他说:

> 今为吾所谓格物之学者,尚多流于口耳。况为口耳之学者,能反于此乎?天理人欲,其精微必时时用力省察克治,方日渐有见。如今一说话之间,虽只讲天理,不知心中倏忽之间已有多少私欲。盖有窃发而不知者,虽用力察之,尚不易见,况徒口讲而可得尽知乎?今只管讲天理来顿放着不循;讲人欲来顿放着不去;岂格物致知之学?后世之学,其极至,只做得个义袭而取的工夫。②

阳明认为当时流行的格物工夫流于表面,而并未切实做"省察克治"的工夫,导致诸多念虑"窃发而不知",强调不能只"讲天理"而不涵养,将"天理"与"人欲"通通"顿放着不去",而应该时时用力落实,不断省察克治,方才能日渐有得,否则只是个义袭而取的工夫而已。在此意义上,可以看出,在阳明那里,天理人欲亦非并立,人欲就是"良知之蔽"的显现。

以上可以看出,阳明格外强调心体的澄澈明净,把"省察克治"的去欲工夫看作一切工夫的基础和天理展现的前提,只有将私欲涤荡干净,方能照见本心,涵养天理。及至阳明晚年正式提出致良知理念,即以"良知"为指导,引导人做存理去欲的工夫,也是以良知心体的收摄和澄澈为工夫的首要指向。

---

① 王守仁:《王阳明全集》上册,吴光、钱明、董平等编校,上海古籍出版社2011年版,第14页。
② 同上书,第24—25页。

对比来讲,阳明继承了朱熹讲"欲"的传统,认为必须去除私欲,才能够复归天地万物一体之本然。但二者有根本的区别,即在工夫论的指向上:阳明的关注点指向"意所在之事",工夫指向内在的修养;而朱子则侧重强调外在知识的扩充,从而去对治私欲。

正如牟宗三讲:"'致良知'是把良知之天理或良知所觉之是非善恶不让它为私欲所间隔,而充分地把它呈现出来以使之见于行事,即成道德行为。"①阳明所讲的"致良知"是与去除"私欲"紧密联系在一起的,要想了解阳明讲"克己复礼"异于朱熹之精微之处,就必须先了解阳明如何看待"欲"的问题。

其次,阳明对"欲"的问题讨论是建构在其心学系统之上的。阳明讲欲多着重于欲念,强调要在念头发动之处做工夫,从一念发动处去斩断欲根。正如他讲:

> 今人学问,只因知行分作两件,故有一念发动,虽是不善,然却未曾行,便不去禁止。我今说个"知行合一",正要人晓得一念发动处,便即是行了。发动处有不善,就将这不善的念克倒了。须要彻根彻底,不使那一念不善潜伏在胸中。此是我立言宗旨。②

由上可知,阳明"知行合一"工夫的出发点,即知行本为一事,一念发动处即是行,因此工夫的根本就是要于"一念发动处"做工夫,"行"就是一念发动处,并没有时间上的断裂,将不善之念从发动之机就彻底扼杀,如此才能确保心体之清湛明澈。

在程朱知行为二的学统中,虽有恶念,只要没落实到具体行为就不称之为恶,在此理念下,工夫的重点亦不是从念虑着手。而在阳明知行合一的理论语境之下,"行"并不仅指具体行为,意念一旦发动即是行为,一旦动了恶

---

① 牟宗三:《从陆象山到刘蕺山·王学之分化与发展》,收录于《牟宗三先生全集》第8册,台湾联经出版社2003年版,第188页。
② 王守仁:《王阳明全集》上册,吴光、钱明、董平等编校,上海古籍出版社2011年版,第96页。

念,即使尚未落实为外在的具体行为亦算恶行。阳明亦曾多次强调,知行合一是其立言宗旨,且是从"千死百难中来"。因此,阳明才复又讲"欲行之心即是意,即是行之始矣。"

综上,心理为一可谓阳明龙场悟道的重点,正因为良知或者本心即是天理,因此人要反求诸己,内明本心,才能达到心理合一,也才能豁显天理,从而实现众理具而万物出。同时,阳明所讲的"知行合一",异于朱子所讲的"知行相须",并不纠结于知行二者之间的关系,阳明认为知行本来就一个工夫,一念发动就是行,直截了当,换句话说,知行合一在阳明那里是一个工夫论问题,而不是知识论的问题,知行本体指的是知行本来一体的状态。

因此,在致良知的过程中,就要求我们直接在心上做去除私意的工夫,在克去己私的过程中,使本心明澈,天理呈现。正如杨祖汉讲:"故阳明要人从心上求理,要在心上做去妄存诚的工夫,这便是阳明言心即理的宗旨,即这是他立说的用心所在。"①

阳明去妄存诚的工夫,承继于《大学》"诚意"的工夫:"欲正其心,先诚其意",亦是告诫儒者从意念发动处做省察克制的存诚去欲工夫。而对于去妄存诚,去私欲的工夫,阳明如此讲:"心即理也。此心无私欲之蔽,即是天理,不须外面添一分。以此纯乎天理之心,发之事父便是孝,发之事君便是忠,发之交友治民便是信与仁。只在此心去人欲、存天理上用功便是。"②

阳明还批评那些只讲求静存涵养而不去做克己工夫的人。他说"是徒知静养而不用克己工夫也。如此,临事便要倾倒。人须在事上磨,方立得住,方能'静亦定,动亦定。'"③静存涵养的工夫并没有从根本上于念头处做去妄存诚的工夫,因而便会出现一味静养、遇事则倒的状况。阳明认为要想遇事立得住,须从事上磨炼,时时省思念虑,时时把握本心,才能真正做到"静亦定,动亦定"。

---

① 杨祖汉:《儒家的心学传统·从宋明理学的发展看王阳明哲学的特色》,台湾文津出版社1992年版,第226页。
② 王守仁:《王阳明全集》上册,吴光、钱明、董平等编校,上海古籍出版社2011年版,第2页。
③ 同上书,第14页。

"存天理去人欲"是程朱理学中非常重要的省察工夫。而发展至明代,出现只讲天理而不切己用功的现象,阳明正是认识到这些状况,才批评道:

> 人若真实切己用功不已,则于此心天理之精微日见一日,私欲之细微亦日见一日。若不用克己工夫,终日只是说话而已,天理终不自见,私欲亦终不自见……今人于已知之天理不肯存,已知之人欲不肯去,且只管愁不能尽知。只管闲讲,何益之有? 且待克得自己无私可克,方愁不能尽知,亦未迟在。①

阳明认为人如若立足自身,切己用功,天理自会日渐显现,而私欲亦愈容易发见。此处,阳明将"切己用功"的工夫等同于"克己"的工夫,认为如果不克己用功,则始终不会明白天理与人欲之别。此外,在"克己"和"尽知"的先后顺序上,阳明亦认为应该首先做克尽己私的工夫,如果不除人欲,而一味地去求外在事物之理,则是一种本末倒置,于事无益。

再次,阳明"克己复礼"诠释的立足点以及工夫的着眼点始终是良知本体。在萧惠与阳明关于如何"克除己私"的一次对谈中,萧惠就"己私难克"请教阳明,阳明从"为己""视听言动皆是汝心""真己"等几个层面详细阐述了他对于"克己复礼"的看法:

> 萧惠问:"己私难克,奈何?"先生曰:"将汝己私来,替汝克。"先生曰:"人须有为己之心,方能克己;能克己,方能成己。"萧惠曰:"惠亦颇有为己之心,不知缘何不能克?"先生曰:"且说汝有为己之心是如何?"……先生曰:"真己何曾离着躯壳? 恐汝连那躯壳的己也不曾为。且道汝所谓躯壳的己,岂不是耳目口鼻四肢?"惠曰:"正是。为此,目便要色,耳便要声,口便要味,四肢便要逸乐,所以不能克。"先生曰:"……汝今终日向外驰求,为名为利,这都是为着躯壳外面的物事。汝若为着耳目口鼻四

---

① 王守仁:《王阳明全集》上册,吴光、钱明、董平等编校,上海古籍出版社 2011 年版,第 23—24 页。

肢,要非礼勿视听言动时,岂是汝之耳目口鼻四肢自能勿视听言动?须由汝心。这视听言动皆是汝心:汝心之视,发窍于目;汝心之听,发窍于耳;汝心之言,发窍于口;汝心之动,发窍于四肢。若无汝心,便无耳目口鼻。所谓汝心,亦不专是那一团血肉。若是那一团血肉,如今已死的人,那一团血肉还在,缘何不能视听言动?所谓汝心,却是那能视听言动的,这个便是性,便是天理。有这个性,才能生这性之生理,便谓之仁。这性之生理,发在目便会视,发在耳便会听,发在口便会言,发在四肢便会动,都只是那天理发生,以其主宰一身,故谓之心。这心之本体,原只是个天理,原无非礼。这个便是汝之真己。这个真己,是躯壳的主宰。若无真己,便无躯壳,真是有之即生,无之即死。汝若真为那个躯壳的己,必须用着这个真己,便须常常保守着这个真己的本体,戒慎不睹,恐惧不闻,惟恐亏损了他一些。才有一毫非礼萌动,便如刀割,如针刺,忍耐不过,必须去了刀,拔了针,这才是有为己之心,方能克己。汝今正是认贼作子,缘何却说有为己之心,不能克己?"[1]

据上文可知,阳明旨在点拨萧惠从心之本体直接着手,做"克己"的工夫,克去私意,体仁心体。阳明分三个层面由浅入深,循序引导萧惠。

首先,"克己"的前提在于要先有"为己之心",要先立其本心,确立本心的主体性地位,如此才能进一步做克己、成己的工夫。此处阳明特别指点萧惠,"心"并不是专指物质层面的"一团血肉",而是道德之心。

其次,此道德之心体不仅是视听言动的发动者,道德心体本身是"戒慎不睹""恐惧不闻",圆满洁净而无所亏损的。且道德之心具有生生不息之特性,不断生发出仁、义、礼、智等道德属性,也是在这个层面上,阳明将心与"性""天理"等同,强调心是人身的主宰,"心即理"。心理为一并不是将心与理合为一来讲,而是指心与身在本质上等同,是本一。这也与孟子所讲的"本心"一致,孟子讲"非独贤者有是心也,人皆有之,贤者能勿丧耳"(《孟子·告子

---

[1] 王守仁:《王阳明全集》上册,吴光、钱明、董平等编校,上海古籍出版社2011年版,第40—41页。

上》)。孟子以其大才开出反求诸己的内圣之学,而阳明则承继孟子的道德学说,把本心看作能自发仁义之理的道德本心,并认为此是人人所本有的内在道德性。

最后,阳明进一步具体讲"克己"在工夫论层面上的具体要求,他认为"克己"工夫要着眼于"真己之本体",要做到时时保守本体,不使其因"非礼"之意念而亏损,在念虑初发之即就必须做"去刀""拔针"的"克"的工夫,同时亦要警惕"认贼作子",从外在的躯壳入手,做本末倒置的工夫。又如,阳明讲:

> 人心是天、渊。心之本体无所不该,原是一个天,只为私欲障碍,则天之本体失了。心之理无穷尽,原是一个渊。只为私欲窒塞,则渊之本体失了。如今念念致良知,将此障碍窒塞一齐去尽,则本体已复,便是天、渊了。①

阳明认为,心之本体,涵弘广大,无所不包,生生不息,而一旦被私欲障蔽,则失去本体之明。因此,阳明主张通过致良知来复本体,在这个意义上,阳明的"致良知"就包含着"复本体"的意思。可以看出,阳明致良知的工夫就是复归本体,复归天理,也就是复归礼。在阳明那里,"致良知"的工夫就是"克己复礼"的工夫。

至此,阳明对于"克己"的逻辑理路基本厘清。阳明的立足点以及工夫的着眼点始终在"心体"之上,强调对于心体的把握和保守,从欲念发动之机做克己的工夫,来确保心体之洁净精微以与天理相合。因此阳明才复又说:"如此则只须克去私意便是,又愁甚理欲不明?"②他把"克己"与"复礼"等同,认为只要做到克己的工夫,理自然会明,也自然会合乎礼。这与孟子所讲的"有诸内,必形诸外"(《孟子·告子下》)有异曲同工之妙。同时,我们也察觉到,阳明过分强调"心体"的自我约束,而并未提及外在的"礼制"对于心体的制度约束,必然会导致"礼"在制度性层面的意涵大大削弱。与此相反,阳明亦是

---

① 王守仁:《王阳明全集》上册,吴光、钱明、董平等编校,上海古籍出版社2011年版,第109页。
② 王阳明撰,邓艾民注:《传习录注疏》,上海古籍出版社2012年版,第61页。

从理学"礼即理"的角度去讲"礼",强调礼的精神意义。

由阳明对"礼"的论述亦可以反证阳明"致良知"的工夫论旨归。阳明将"礼"与"天理"等同,他在给胡汝登所写的《礼记纂言序》中写道:

> 礼也者,理也;理也者,性也;性也者,命也。"维天之命,於穆不已",而其在于人也谓之性,其粲然而条理也谓之礼,其纯然而粹善也谓之仁,其截然而裁制也谓之义,其昭然而明觉也谓之知,其浑然于其性也,则理一而已矣。故仁也者,礼之体也;义也者,礼之宜也;知也者,礼之通也。经礼三百,曲礼三千,无一而非仁也,无一而非性也。天叙天秩,圣人何心焉?盖无一而非命也。故克己复礼则谓之仁,穷理则尽性以至于命,尽性则动容周旋中礼矣。[①]

可以看出,阳明讲"礼"与"性""命"直接联系在一起,强调礼即理也,礼就是粲然明晰的天理。"礼"是圣人本诸仁心、顺应天叙天秩而定。因此礼的内涵与根本就是"仁"。外在的条理仪节纵有千百条,其内在理一,且无不都是仁的展现。阳明认为亦正因为圣人制礼皆是顺性依理而作,才讲"克己复礼为仁""穷理尽性至于命",依照仁心而动,则"动容周旋"都自然符合礼节。此处阳明想要着力强调的还是圣人制礼之出发点和着眼点,指向礼内在的天理和仁心。因此,阳明继续对后世围绕礼进行的"器数之争""刑名之末"等诸多外性求礼的纷纭纠纷提出批判。他说:

> 后之言礼者,吾惑矣。纷纭器数之争,而牵制刑名之末;穷年矻矻,弊精于祝史之糟粕,而忘其所谓"经纶天下之大经,立天下之大本"者。"礼云礼云,玉帛云乎!"而人之不仁也,其如礼何哉?故老庄之徒,外礼以言性,而谓礼为道德之衰,仁义之失,既已堕于空虚漭荡。而世儒之说,复外性以求礼,遂谓礼止于器数制度之间,而议拟仿像于影响形迹,

---

① 王守仁:《王阳明全集》上册,吴光、钱明、董平等编校,上海古籍出版社2011年版,第271页。

以为天下之礼尽在是矣。①

阳明通过对老庄之徒以及后世儒者的批判来呼吁要"立天下之大本",不能外礼言性,也不能外性求礼。儒家所谓的礼绝非外在的器数制度,老庄之徒强调绝圣弃智、绝仁弃义,终将导致仁义尽失,堕入空虚游荡。而后世儒者外性求礼亦是本末倒置,只能停留在表面的器数制度层面,而无法进至圣人之道。

阳明对弟子徐爱讲:"'礼'字即是'理'字。'理'之发见可见者谓之'文';'文'之隐微不可见者谓之'理':只是一物。"②阳明将"礼"与"理"绾合,礼不仅仅是外在的礼节,更是隐微于内在主体的"理",外在的礼制是天理的具体化。

又如,阳明对薛侃讲:"天地间只有此一事。安有两事?若论万殊,礼仪三百,威仪三千,又何止两?"③与三百三千的礼仪威仪相比,阳明更重礼的内在含义,"一事"即"致良知",复其良知本性。外在的仪节都是良知天理的展现,都指向良知本体这个本一。

整体来看,阳明"礼"论,过于强调内在的良知天理,而忽略客观礼制之具体建构,这在一定层面上造成具体的行为实践失去参照。"礼"被完全置于其良知学体系之下去讲,强调良知的自我发用。阳明将"礼"放置于良知天理之下去讲,良知天理是"礼"发动的内在根源和具体朗现。然因良知学侧重于道德心性学,过度强调良知之主体性,容易造成流于玄虚之弊端,特别是阳明对于"一体之仁"的凸显和强调,更是引发了阳明后学的分化和争论。

最后,阳明异于朱熹的地方,还在于他在对理欲矛盾关系的讨论中格外凸显"仁"的地位和作用,侧重从仁学的角度推进孔孟仁学义理的阐发。王阳明在晚年又进一步推进"致良知"的思想,提出"万物一体之仁"理论。他认为

---

① 王守仁:《王阳明全集》上册,吴光、钱明、董平等编校,上海古籍出版社2011年版,第271—272页。
② 同上书,第7页。
③ 同上书,第38页。

在"克己复礼"的过程中,最终目标是要达到"万物一体之仁",蔡仁厚先生在讲王阳明"万物一体之仁"时曾经强调:"'万物一体',乃是儒家之本义、通义。孔子言'仁',仁以感通为性,仁心之感通觉润是无有极限的,所以仁必然是万物一体之仁。"①阳明从本体论和工夫论两个层面去论证这一思想:

> 阳明子曰:大人者,以天地万物为一体者也。……大人之能以天地万物为一体也,非意之也,其心之仁本若是,其与天地万物而为一也。岂惟大人,虽小人之心亦莫不然,彼顾自小之耳。是故见孺子之入井,而必有怵惕恻隐之心焉,是其仁之与孺子而为一体也;孺子犹同类者也,见鸟兽之哀鸣觳觫,而必有不忍之心焉,是其仁之与鸟兽而为一体也;鸟兽犹有知觉者也,见草木之摧折而必有悯恤之心焉,是其仁之与草木而为一体也;草木犹有生意者也,见瓦石之毁坏而必有顾惜之心焉,是其仁之与瓦石而为一体也。是其一体之仁也,虽小人之心亦必有之。是乃根于天命之性,而自然灵昭不昧者也。②

阳明认为仁者之心因其真诚恻怛、明觉澄澈,而与世间万物一体无隔。且认为圣凡一样,都能进至"与天地万物为一体"的境界。阳明分别从孺子、鸟兽、草木、瓦石四个层面展开,良知之明觉是与天地万物感应的桥梁,感应于孺子,孺子得其所,进而体鸟兽、草木、瓦石之生化之理,同时万物又无不各安其所。这四者分别从属于同类、有知觉者、有生意者、无生意者四种特性,依次推进,在此基础上,阳明通过良知之感应说论证了仁者本心之于世间万物一体无间。阳明此种从良知之感应角度去讲万物一体的理路,一方面有取于程明道的万物一体说,程颢《识仁篇》中讲"学者须先识仁。仁者,浑然与物同体,义、礼、智、信皆仁也。"③,"仁者以天地万物为一体,莫非己也。"④,明道

---

① 蔡仁厚:《王阳明哲学》,九州出版社2012年版,第136页。
② 王守仁:《王阳明全集》中册,吴光、钱明、董平等编校,上海古籍出版社2011年版,第1066页。
③ 程颐、程颢撰,朱熹编:《二程全书六种》,河南人民出版社2018年版,第56页。
④ 同上书,第53页。

将"仁"作为一种道德境界,与天地万物连接,对于阳明"一体之仁"有直接影响。阳明强调仁心无外,扩充至极必然是与天地万物合为一体。可以说,阳明"天地万物一体之仁"是对程颢《识仁篇》思想旨要的进一步推进和阐发。另一方面,万物一体论不仅是一种境界说,一种理论设定,而亦是从道德主体的实践层面去讲,根本上讲,从致良知到万物一体是一种必然趋势。

在阳明去世的前几年,他开始大力强调"万物一体之仁",据《阳明年谱》记载,其晚年在稽山书院讲学时,曾专就"万物一体"这一主旨性命题进行专门宣讲,阳明的一生是"謜謜终身,至于毙而后已"[1],投身于知行合一的实践中的一生,而"万物一体"的信念是支撑和激励其学术活动的精神源泉和动力。阳明在给顾东桥的书信中亦有对于"万物一体之仁"的具体论述,他说:

> 夫圣人之心,以天地万物为一体,其视天下之人,无外内远近,凡有血气,皆其昆弟赤子之亲,莫不欲安全而教养之,以遂其万物一体之念。天下之人心,其始亦非有异于圣人也,特其间于有我之私,隔于物欲之蔽,大者以小,通者以塞,人各有心,至有视其父子兄弟如仇雠者。圣人忧之,是以推其天地万物一体之仁以教天下,使之皆有以克其私,去其蔽,以复其心体之同然。[2]

上文可知,阳明此处,先以"以天地万物为一体"来规定圣人之心及其本然状态,强调圣人所具的"万物一体之念"是先天具备的,而这一点与"天下之人心"所同然无异。进而阳明论述了圣凡之差别,认为圣凡在根本的仁心层面并无差别,凡人因为"己私"而为物欲所隔,才出现人各有心,人人相矜、相争、相轧的乱况。因此,阳明认为要以万物一体之仁以警示、教化天下,使人人能够做到克私去蔽,复归天地万物一体之同然心体。可见,阳明立足心学立场,讲"一体之仁"与"心体""性体"挂钩,使得仁不仅作为一种心体,更转化为一种与万物一体的有实在性的实体存在。

---

[1] 王守仁:《王阳明全集》上册,吴光、钱明、董平等编校,上海古籍出版社2011年版,第45页。
[2] 同上书,第61页。

吴震教授认为阳明的万物一体论"既不同于先秦以来传统的万物一体论,也有别于程颢的由'识仁'而进至'浑然与物同体'的仁者境界说,而是新形态的以仁为本的'仁学一体论'。阳明学万物一体论既是一项本体论论述,也是工夫论命题,更反映了'天下主义'的人文精神。"[1]而从阳明解"克己复礼"的角度看,阳明关于"万物一体之仁"的道德和工夫层面的具体内容亦是"克己复礼"的最终指向和必然要求。

阳明的万物一体论,既非在宇宙论层面讲,亦非从气论层面讲,而是在探讨个人与社会、世界、宇宙等之间如何连接的问题,阳明试图通过仁学来绾合这四者之间的联系。在这个意义上,阳明的万物一体论是着眼于建构一种"天下主义的普遍伦理学"[2]。以往的观点多从人心的德性存在去理解"仁",而并未上升至一种遍在万物并与万物一体并在的角度去理解。而吴震教授将传统的阳明仁论发展至仁学形态的万物一体论,可以说是对于阳明仁学的一种推展。

综合以上,阳明解"克己复礼"的特色在于他将"克己复礼"的工夫彻底化为"心体克复"的工夫,异于程朱理学所讲的外在格致之工夫路径。"克己复礼"就是要做"克去私意"的工夫,进而达到复归"人心之天渊"的目标。"克己复礼"的落脚点最终指向"万物一体之仁",强调仁的本体存在性,是对宋代以程颐为代表的道学万物一体论的发展,异于先秦传统的万物一体论。

阳明将孟子四端之心收摄至"良知"一词。把良知看作最内在的自然本心、本性,此良知心体之自然明觉在道德层面上,能够自然显发为不同的"天理"。阳明讲"良知"是从道德层面讲,此为其在根本上异于佛老之处。

阳明对于"心体"的提撕,可以说是对程朱理学的一种反动,在程朱学术体系的渗透下,儒者多关注外在格致和克复,而忽略做反求诸己之本心的工夫。而阳明为己、克己的学术路线,无疑是对当时儒者的一种警醒和提示。同时,也为儒者体仁践仁指明了一种更为直接的方法,因此,阳明学一出,立刻打破了朱子学一统学界的局面,成为明代中后期的学术新风,并很快风靡

---

[1] 吴震:《论王阳明"一体之仁"的仁学思想》,《哲学研究》2017年第1期,第61页。
[2] 吴震:《阳明学"一体之仁"思想的当代意义》,《贵阳学院学报》2017年第2期,第18页。

天下。

　　阳明"克己复礼"诠释虽受到朱子思想的影响,但相较于朱子更注重儒家经典诠释的诸家注解,阳明则格外侧重"克己复礼"在工夫论层面的重要意义。因此,阳明在根本上是立足心学,并且更侧重从实践层面去揭发经典的意义。

　　在阳明那里,"克己复礼"的工夫过程亦是致良知的过程。存天理与去人欲是同一件事,去欲的过程亦是复归天理的过程,去欲是存天理的手段,只要从心上做克己的工夫,天理自然会明觉发见。与此同时,本心之明觉又是实现万物一体的内在根据和保证,因此,阳明学的最终旨归就是"与天地万物为一体",既强调"一体之仁"是为学的至高境界,又将"仁"上升至与世间万物有机联系的本体实在。用今天的眼光看,阳明以仁学为基础,从"克己复礼为仁"的诠释中生发出来的万物一体论亦展现出了一种天下主义的精神人文关怀。

## 第三节　克己复礼犹直指本体
### ——邹守益"克己复礼"解

　　邹守益(1491—1562),字谦之,号东廓,以"戒慎恐惧说"为学界所熟知,并因其对师说的坚守和继承而被尊奉为"王学宗子"。东廓坚守师说,以师旨为依归,强调"戒慎恐惧"之工夫,俨然是个阳明学"卫道士"的姿态,然而遗憾的是,至今仍有学者对东廓思想的学术定位存疑,甚至认为其有由王反朱之倾向。如侯外庐先生即主张,邹氏学术有融汇理学诸说之倾向,并认为东廓"戒惧说"的实质在于"援引阳明'致良知'说来重新解释程朱理学的'涵养'说"[1]。而笔者认为,邹东廓对于阳明学的创发,鲜明地彰显于其对"克己复礼"的诠释上,邹东廓"克己复礼"解的一大特色在于,其以阳明良知说为根

---

[1]　侯外庐、邱汉生、张岂之主编:《宋明理学史》,人民出版社1997年版,第294页。

扺,在"即本体言礼"的基础上,摄取《周易》复卦思想,开展出"戒慎恐惧""修己以敬"的修养工夫,并完成对程朱克己复礼解的批判。相较而言,阳明并未对朱熹的克己复礼解提出批评,邹东廓此种诠解方式,则是阳明后学第一人,对此后的阳明后学如罗汝芳等人有很深的引导意义。此外,对于"克己复礼"的诠解研究,不仅是进入邹东廓学术整体的重要切入点,而且对于探究阳明后学的工夫论亦有重要意义。以下,笔者拟从"即本体言礼""克己复礼即修己以敬""复归本心"三个层面展开,分析东廓"克己复礼"的诠释特色对阳明良知学的贯彻和发展。

牟宗三先生指出,必须先抓住阳明学的大方向,才能在此基础上去评判王门后学,否则"顺其竞辩而支离,难知其本也"①。因此,在探讨完阳明心学及其"克己复礼"诠解的基础上,笔者接下来继续探讨阳明后学诠释"克己复礼"的特色与创发。

关于明代学术的功过得失,黄宗羲《明儒学案·发凡》曾如此总结:"尝谓有明文章事功,皆不及前代,独于理学,前代之所不及也,牛毛茧丝,无不辨晰,真能发先儒之所未发。"②诚然,自阳明良知学出,旋即风靡天下,与程朱理学相为并峙。阳明之后,阳明后学则承阳明之旨,发阳明之未发,继续在明代中后期的思想界发挥巨大影响力,使得心学成为明代中晚期以来的学术风尚。后学诸子对于义理的探讨细致入微,远超前代,因此,研究王门学术亦是进入明代儒学的重要门径。

阳明龙场悟道体证到的"良知说"是经由千死百难中来,超越了朴素的感性直观而与大化流行合一。阳明诸后学并无阳明之经历,正所谓熟知非真知,因此,对于阳明学说亦难以完全内化吸收。随着对于主体性的强调,注重个体生命发展的力量亦不断得到加强,与此同时,主观诉求与感性欲望反而愈发变得难以为道德理性所约束,心学"主体性独大"的弊端亦渐趋显现。相应地,在阳明之后,主体性的诉求不断加强的同时,良知学面临瓦解的危险,

---

① 牟宗三:《从陆象山到刘蕺山·王学之分化与发展》,收录于《牟宗三先生全集》第8册,台湾联经出版社2003年版,第218页。
② 黄宗羲:《明儒学案》,沈芝盈点校,中华书局2008年版,第14页。

这鲜明地体现在阳明后学的分化中。

以邹守益为代表的江右王门,向来被视为阳明学的正统。明儒黄宗羲对江右王学一派也有着比较高的赞誉,其《明儒学案》认为"姚江之学,惟江右为得其传","阳明一生精神,俱在江右"①。此外,黄宗羲还认为邹东廓、罗念庵等人能够"推原阳明未尽之旨"、破"越中流弊",并认为这也是阳明学"赖以不坠"②的原因。可知,江右王学不仅深契于心学,更在承继的过程中,阐发阳明未尽之旨,矫正学界流弊,对晚明心学的延续发展起到重要作用。

周礼本是维系周代政治、社会秩序之行为规范,至春秋时代,礼坏乐崩,孔子乃立基于仁心,强调"人而不仁如礼何?""礼云礼云,玉帛云乎哉?",赋予礼之内在精神性,重现礼之活泼生命。此后孟子亦强调"仁义内在""反求诸己",更加强调礼之道德自觉与道德自主性。然而后之荀子、《礼记》,则多见及于礼之饬身功能,其礼论丧失对"内在本体"的精神性的肯定与重视。礼论既在先秦已有此两条路线之分殊,继而两汉以后的礼学又多集中在对礼经的义疏训诂,其礼之内在的道德本体精神性更是渐趋忽略。宋代则着重从扣合礼与天理的关系去讲。直至明代,随着心学的大盛,阳明后学在致良知的工夫实践中,方才逐渐从心学的角度去挖掘礼的内在道德本体精神性。邹东廓明确讲道:

> 礼者,天然自有之中也。③
>
> 礼者何? 中而已;乐者何? 和而已。④
>
> 文也者,礼之见于外者,散于事物而万殊,故曰博;礼也者,文之存于中者也,根于心而一本,故曰约;五常百行,三千三百,罔不周遍,是文也何费也! 孰主宰是? 孰纲维是? 即之无所,措之无定,执之无得,是礼也何隐也! 知费而隐,隐而费,则寂感无二时,体用无二界。日用营为,视

---

① 黄宗羲:《明儒学案》,沈芝盈点校,中华书局2008年版,第333页。
② 同上。
③ 董平编校整理:《邹守益集》,凤凰出版社2007年版,第316页。
④ 同上书,第253页。

第五章 明代"克己复礼"诠释及其特色

听言动,一于天则而不可须臾离,斯可与语欲罢不能;帝规帝矩,无方无体,而不可言象求,斯可语欲从末由矣。①

上文中东廓反复以"中"解"礼",力求阐明"礼"皆根于心而存于"中"这一观点。在东廓那里,"天然自有之中"就是"礼","文"就是"礼"以"中道"方式呈现的外在形式;外在事物之礼节、仪式等虽有万殊,但内在共通之处在于,其都是"根于心而一本",都是根于内心而显发于外,也就是说,它们在大根大本处是相同的。由此可见,东廓解"礼"的入手处与以往学术路径不同。具体而言,东廓解"礼"呈现出经典诠释的心学特色,即他既不如汉代儒者那样从训诂角度去解释"礼",也非像程朱那般从天理角度去解释"礼",而是立足于心学视角,从良知内在的角度去探究"礼"的特质。

克者,修治之义也,礼者,天然自有之敬也。克己复礼,其修己以敬乎!②
曰:"如何是非礼?"曰:"敬则复礼,不敬则非礼。少湖子常问非礼勿视听言动,此非礼属物不属物?某亦问少湖子曰:'克己复礼,此礼字属物不属物?'徐子笑曰:'礼不在物。'某亦笑曰:'非礼不在物。'"③
敬也者,良知之精明而不杂以尘俗也。戒慎恐惧,常精常明,则出门如宾,承事如祭。视民之有财,若吾家之蓄积也,乌得而不节?④

以"天然自有之中"与"天然自有之敬"来定义"礼"是东廓解"礼"的独特之处,东廓将良知本体之精明洁净、无私欲杂糅的状态称为"敬",认为"敬"是良知心体的一种状态。在东廓那里,良知心体在本质上是澄净明澈、无任何沾染的,这种状态常被称为"中"与"敬"。这种在本体论层面将良知本然的状

---

① 董平编校整理:《邹守益集》,凤凰出版社2007年版,第764页。
② 同上书,第365页。
③ 同上书,第741—742页。
④ 同上书,第507页。

127

态形容为"敬"的认识在阳明后学那里是特出的。此处亦可见东廓在对"克己复礼"的解释上与程朱理学之不同：首先，在朱熹的解释中，"克"为"胜也"，而东廓却异其道而行之，将之解为"修治"；其次，东廓认为"礼"是良知本具，是内在的，而朱熹则侧重以外在"礼制"讲"礼"。换言之，在东廓那里，"克己复礼"就是人在"修治"的过程中使自己的良知始终保持本体自有之"敬"和"中"的状态；这是直接对良知心体进行扩充的工夫，显然与朱熹直接进行克制私欲、克除己私的工夫不同。

整体而言，东廓解"礼"的一大特色就在于"即本体言礼"，而此亦是对阳明的继承与发展。在阳明那里，就有从本体出发言礼的倾向，并探讨了"性"与"礼"的关系，如他在《礼记纂言序》中曾讲："礼也者，理也；理也者，性也；性也者，命也。'维天之命，於穆不已'，而其在于人也谓之性；其粲然而条例也谓之礼；其纯然而粹善也谓之仁……经礼三百，曲礼三千，无一而非仁也，无一而非性也……老庄之徒，外礼以言性，而谓礼为道德之衰，仁义之失，既已堕于空虚漭荡。而世儒之说，复外性以求礼，遂谓礼止于器数制度之间，而议拟仿像于影响形迹，以为天下之礼尽在是矣。"[1]可知，阳明不仅以"性"解"礼"，强调"仁""礼"统一，还着重批判了"外礼言性"与"外性求礼"两种倾向，分别将矛头指向老庄和部分后儒。阳明清晰地指出，这两种倾向的错误根源在于只把"礼"看作"器数制度"，"礼"被限拘为一套约束与操弄人类社会关系的僵化制度，也即"遂谓礼止于器数制度之间，而议拟仿像于影响形迹"[2]，完全忽略其内在的道德精神意义才是根本，并认为这与孔子以"仁"言"礼"、"礼云礼云，玉帛云乎哉"的本意相背离。

阳明对于两种错误言礼方式的严厉批判，目的在于提醒儒者们切勿因为过度强调"礼"的形式性而忽略了"礼"的精神性，最终导致本末倒置的流弊，从而唤起儒者们对于"礼"的内在道德意义和精神层面意涵的关注。邹东廓也注意到了这一点，因此不断强调礼乐之文非自外至，而是由中而发。他在一次上书中说：

---

[1] 王守仁：《王阳明全集》，吴光等编校，浙江古籍出版社2010年，第259页。
[2] 同上。

> 礼也者,体也。人之有礼也,犹其有是体也……仁也者,人之精神命脉也。古之君子无终日之间违仁,造次于是,颠沛于是,举富贵贫贱无所摇夺,故所履中正,而礼行焉;所乐和平,而乐生焉。礼乐之文,非自外至也,由中出者也。犹人之精神命脉,完固而凝定,则粹然见面盎背,以施于四体,无弗顺正而充盈者矣。故冠笄之礼,所以重男女之始也;婚娶之礼,所以谨夫妇之交也;丧祭之礼,所以爱亲敬长也……若徒以崇其仪节,肆其声容,而无忠信恻怛以主之,是精脉枯竭而支体爪发徒存,终亦必亡而已。①

东廓不仅指出礼乐本自良知本体而出,更把"礼"之精神特性看作人的精神命脉,并直言,如若徒以仪节为要,而无内在真诚恻怛之心主导,则终将造成身体与精神俱消亡的后果。从本质言之,礼乐的意义在于生命道德意义的实践与确立,孔孟也本就有对于"礼"的道德性和内在性的强调。《论语》中反复呼吁"道之以德,齐之以礼,有耻且格""我欲仁,斯仁至矣""为仁由己",可见孔子始终将关注的焦点放在"礼"的精神性上,"仁"与"礼"亦无不具有积极正面的精神含义。在程朱理学的学术体系下,儒者们大多从外在的格致入手,严格遵守礼制和礼法,阳明此举对于当时儒者来讲,无疑是当头棒喝,东廓则直接受到阳明论礼的启发。而阳明后学罗近溪亦是在其师颜山农的启发下,实现学术宗旨的根本换移。

从对"礼"的解释层面看,阳明后学诸如邹东廓、罗近溪等人均有本诸阳明,而以本体言"礼"的倾向,从内在化、本体化的角度强调"礼"的本质。必须要指出的是,孔子讲"不敬,何以别乎?"(《论语·为政》),孟子讲"仁义礼智根于心"(《孟子·尽心上》),二者皆是把礼的发端和根源归于内在的道德本体。回顾《论语》,我们就会发现,孔子并不直接谈"心",《论语》中并未出现"心"字,亦不曾有"仁即是本心"的相关论述,直至孟子才正式以道德本心统摄孔子所说之"仁"。因此,用道德本心去统摄"仁",可以说是孟子对孔子思想最

---

① 董平编校整理:《邹守益集》,凤凰出版社2007年版,第23页。

大的发展。因此,阳明以及阳明诸后学所论,实际上不过是对于孔孟礼论的复归和继承,而并非单纯是针对程朱理学提出别解。

综上可知,自阳明以来,东廓对于"礼"的内在性和本体性的强调,展现了对于程朱理学礼论之形式化、制度化发展倾向的反省。古往今来,制度的繁缛与僵化往往会引起思想史层面的反省和变革,越名教而任自然的魏晋风度、心学对"礼"本体意义的思考、明清儒者对于情欲的肯定,无不都是对"礼"之精神意义的思考,都绕不开对"礼"之内在性和精神性的探讨。

分析完东廓论"礼"的内在性和本体性,再去看他对"克己复礼"的诠释,就能更好地理解东廓殊异于程朱理学的地方。对"礼"的不同理解,使儒者们对"克己复礼"各具仁智之见,而在东廓"即本体言礼"这一思路下,"复礼"的工夫过程就是向内求仁、识仁的过程。

"克己复礼"是颜子与孔子探讨的重要命题。昔者颜子学于陋巷,箪瓢不改。一直以来,颜子之学与生命气象为儒者们所孜孜以求,阳明亦有"颜子没而圣学之正派遂不尽传矣"①的感叹。颜子之学作为儒者进学、优入圣域的关键,在阳明学的发展中亦是重要一环。"克己复礼"一章,作为颜回与孔子之间最重要的一段对话,直接涉及"仁"与"礼"两个儒家学术体系中最为核心和关键的概念,更是获得了高度的关注和富有时代特色的诠释。东廓在与友人的书信往来中将《论语》"克己复礼"一章看作"圣门传授正脉"②。其讲:

> 颜子克己复礼一章,是圣门传授正脉。天命之性,纯粹至善,曷尝有私欲带来?诚者反身而诚,无非帝矩之弥纶,故曰率性;思诚者强恕而行,以求不逾于帝矩,故曰修道。其曰修身,曰修己,无二功也。克己复礼,便是修己以敬;天下归仁,便是安人安百姓。今以非礼为己之私则可,以己为私欲则不可。己既为私欲矣,则礼安顿在何处?又从何处得复?……《续传习录》中云:"颜子择乎中庸,就己私之动处辨别天理之善来,是挽克去己私旧见。"以失先师之意。历稽古训,曰恭己,曰正己,曰

---

① 王守仁:《王阳明全集》,吴光等编校,浙江古籍出版社2010年版,第26页。
② 董平编校整理:《邹守益集》,凤凰出版社2007年版,第764页。

## 第五章 明代"克己复礼"诠释及其特色

求诸己,未有以己为私欲者。本章所指,为仁由己,正靠此翁作主宰。下文视听言动,正是己之目;非礼勿视听言动,正是修己之目。目之散殊,命曰博文;复之统会,命曰约礼。①

东廓把"克己复礼"一章看作儒家学说的主脉来把握,认为"以非礼为己之私则可",坚决反对把"己"当作"私欲"来看待。因为若以"己"为"私欲",则工夫便无"复"可言。东廓认为,"己"从来无作"私欲"解,而"克己"只能作"恭己""正己"等解。东廓还引阳明语,强调颜子是由己私的活动情况去体知天理。最后,东廓指出,此章中心在于强调"为仁由己",要"靠此翁作主宰"。只有在自作主宰的情况下,才能克己、修己。这与阳明所讲"人须有为己之心,方能克己;能克己,方能成己"一语异曲同工。东廓在回复问庵督学的信中复又提到:

常考圣门所说"己"字,未有以为私者。曰君子求诸己,曰古之学者为己,曰正己而不求于人,皆指此身而言。此章凡三言"己"字,而训诂不同,似亦未安。故常谓克己复礼,即是修己以敬工夫。敬也者,此心之纯乎天理而不杂以人欲也。杂之以欲,便为非礼。非礼勿视听言动,便是修己以敬之目。除却视听言动,便无身矣。不杂以欲而视听言动焉,则目善万物之色,耳善万物之声,言满天下无口过,行满天下无怨恶,即是修己以安百姓。故曰天下归仁与笃恭而天下平,无二涂辙。②

可见,东廓的着眼点和入手点始终放在"己"上,目的在于彰显在道德实践活动中,掌握自身主体性的重要意义。东廓首先指出学界关于"克己复礼"一章前后三"己"字词义解释不同而犹有未安,认为此处"己"字皆是"精明而不杂私欲"的己身,"克己复礼"的工夫就是"修己以敬",就是使己身"纯乎天理而不杂人欲"的"敬"的工夫。而对于这一论点,东廓在《邹守益集》中又专

---

① 董平编校整理:《邹守益集》,凤凰出版社2007年版,第764—765页。
② 同上书,第529页。

"克己复礼"历史诠释及当代价值

辟一文来讨论,其云:

> 克己复礼,即修己以敬。礼者,天然自有之中也;非礼者,其过不及也。克己复礼,则天下归仁;修己以敬,则安人安百姓;戒慎恐惧,则位天地,育万物,无二致也。颜子请问其目,故夫子以非礼勿视听言动告之。视听言动,己之目也;非礼勿视听言动,修己之目也。除却视听言动,更无己矣。礼也者,己之所本有也,故曰复;非礼者,己之所本无也,故曰勿。今以非礼为己之私则可,以己为私欲则不可。若曰己便是箕踞,礼便是坐如尸;己便是跛倚,礼便是立如斋;则如尸如斋,非己其谁为之乎?先师曰:心之本体,原只是天理,原无非礼。戒慎不睹,恐惧不闻,惟恐一毫亏损了他一些。……故身外无道,己外无礼。历稽古训,曰为己,曰正己,曰求诸己,曰己所不欲勿施于人,未有以己为私欲者。"问仁本"章,三言"己"字,曰为仁由己,正指己为用力处。在《易·复卦》,以"不远复"归颜氏子,而《象》之辞曰"以修身",则修身之为克己,自是明证。①

东廓从三个层面,论证了"克己复礼"与"修己以敬"的关系,并批判了宋儒以"己"为"私欲"的解经方式。

首先,东廓从"礼"的内在性和本体性来讲"即心言礼","礼"是本心所有,"礼"即是天理,因此并不存在"非礼"的情况,"礼"由本心而发,本质上与良知相契,"礼"是中道自足的良知本体。

其次,东廓批评"以己为私欲"的说法,将矛头直接指向朱熹。众所周知,朱熹《论语集注》将"克"解为"胜"、"己"解为"私欲":"克,胜也。己,谓身之私欲也。故为仁者必有以胜私欲而复于礼,则事皆天理,而本心之得复全于我矣。"②朱熹的工夫重点落在克制私欲上,而东廓认为"非礼为私",本心即天理而并无私欲,身外无道,己外无礼,因此,要做的就是用力于己、反求诸己。在阳明那里,良知本体境界的形成必须在去私除蔽的工夫基础上,保持心体

---

① 董平编校整理:《邹守益集》,凤凰出版社2007年版,第739—740页。
② 朱熹:《四书章句集注》,中华书局1983年版,第131页。

澄明。而东廓则是进一步指出要直接从心体入手,扩充本心,心不仅是道德实践的根源,也是道德实践活动的主体。

最后,东廓引《周易》"复卦"及"系辞传"中"不远复"之内涵,进一步论证"克己"的修身义,得出"克己复礼"即"修己以敬",即"用力于己"。东廓格外看重颜子之学,认为"学之正永,宜莫若颜子",甚至将讲学的书院命名为"克复堂",并专门撰文作记:

> 克者,修治之义也。礼者,天然自有之敬也。克己复礼,其修己以敬乎!天下归仁,其安人安百姓乎!故视听言动,己之目也;非礼勿视听言动,修己之目也。除却视听言动,便无身矣。圣人系《易》,以《复》之初九归诸颜氏子,而其《象》曰:"不远之复,以修身也",则修身之为克己,其较章明已乎!身外无仁,故曰仁者人也;仁外无心,故曰仁人心也。知此者,其知授受之蕴矣。①

"复卦"初九爻辞讲:"不远复,无祗悔,元吉。""复卦"《象传》曰:"不远之复,以修身也。"东廓援引"复卦"来论证"克己"之修身含义,但实则并未详细展开论证。至此,我们可以清晰地看出东廓的理论思路:东廓的工夫论分为"克"与"复"两个层面,而实现这两者的前提在于心体本身的澄净明澈,在于"身外无仁""仁外无心"。正如东廓诗中所云:"万象异同皆影响,自家姤复究危微。"②自家的本心亦如复姤二卦所展现的变化流行一样微妙,必须要用力去把握。以心学与《易》为理论根据,把"克己复礼"的诠释由程朱的克制私欲转化为从本心入手去扩充本心的工夫路线。

综上,东廓把"礼"扣紧"己"做解释,强调"礼"不应外求,礼是人的本然状态,故复礼应该由内而求。东廓讲"戒惧"的工夫,亦不是对治本心,而是做扩充本心的工夫,"克己复礼"的工夫就是"戒慎恐惧"的工夫。东廓以本体解"礼",这一倾向可以说是晚明儒者,特别是阳明后学诠释"克己复礼"的一大

---

① 董平编校整理:《邹守益集》,凤凰出版社2007年版,第365—366页。
② 同上书,第1271页。

特色。以往学术界对于东廓的学术定位尚存在争议,有学者由东廓主张"修己以敬"而认为东廓有由王反朱之倾向。实则不然。东廓所讲"修己以敬"实为从本体上入手扩充本心的工夫,而与程朱的格致工夫从本质上相异。正如林月惠所言:"表面上,东廓虽以《论语》本文的'修己以敬'来解释'克己复礼',但事实上,他是以'致良知'为纲领,来连接'克己复礼'与'修己以敬'。"①诚然,"克己复礼"是东廓阐明圣学的重要理论依据,是豁醒良知的工夫,是彻内彻外的心学工夫。

至此,邹东廓学术的逻辑体系已经基本明了。一方面,东廓以"仁"契"礼",以"敬"契"礼",将"克己复礼"等同为"修己以敬";另一方面,他又将"修己以敬"解释为"致良知"的工夫,对于"克己复礼"如何再到"复归本心",主要表现在对于"欲"的解释上,而东廓对于程朱理学的批判,亦彰显于其对"无欲"的主张,通过对于"欲"的分析,亦凸显出其对程朱理学的背离。在"绝意必固我之欲"的过程中,克己复礼、修己以敬、戒慎恐惧亦化为一事,即复归本我之心。

在宋明理学的论述中,一直以来对"欲"有诸多的探讨。周敦颐讲"无欲故静""一者,无欲也""无欲则静虚动直",强调透过寡欲甚至无欲的工夫达到成圣成贤。程明道讲:"所欲不必沉溺,只有所向便是欲。"认为心一旦有所向、有所陷溺,便是欲。朱熹在此基础上提出以"存天理,去人欲"为工夫,将人欲作为修养工夫主要的对治对象。因此,宋明理学所讲之"欲"并非泛指耳目口腹之欲,而是更高一层的从心体所发意念之"私心""欲念""己私"来谈欲望问题。邹东廓的工夫非常看重"无欲",其云:"濂溪元公'一者无欲'之要,阳明先师致良知之规,皆箕畴正传也。"②(《赠董谋之》)东廓认为,濂溪之"一者无欲"与阳明"致良知"一样,二者皆得圣学正传。在《叙秋江别意》中是这么说的:

---

① 林月惠:《诠释与工夫:宋明理学的超越蕲向与内在辩证》,台湾"中研院"文哲所2008年版,第230页。
② 董平编校整理:《邹守益集》,凤凰出版社2007年版,第101页。

良知之清明也,与太虚合德,而其澄澈也,与江河同流,然而有时昏且浊者,则欲累之也。故圣学之要,在于无欲。甚矣,子周子之善发圣人之蕴也!圣门之教,学者谆谆以无意、无必、无固、无我为戒。意必固我者,一欲而四名也。绝其意必固我之欲,而良知之本体致矣。

东廓高度赞扬周敦颐"无欲"说能发明圣人之蕴,并认为圣学的关键在于"无欲",而东廓此处的"欲"特指"绝意必固我之欲",而非一般的声色货利之欲。东廓认为,"意""必""固""我"是欲之四种展现方式,想达到本体的显露重现,关键正在于"无欲"的工夫。东廓甚至曾将"无欲"二字作为邹氏家训,其孙邹德涵《无欲说》云:"人皆知声色货利之为欲,而不知意必固我之欲,殆有甚焉,愚不肖者溺于物,贤知者溺于见,高下不同,其为欲则一也。"[1]此讲法显然是由东廓而来。对于邹东廓来说,其"无欲"工夫并非单纯地进行外在之欲望克制,反而正是"致良知"的过程,他认为工夫就应该直接端正去把握心体所发之意念。"无欲"不是克制去除的工夫,而是纯于一心、全心全意之工夫。此"无欲"说亦是承继濂溪、阳明而来,他在《录青原再会语》中进一步解释和强调"无欲"说的背景:

学圣之要,濂溪先生所以发孔孟之蕴也。一也者,良知之真纯而无杂者也。有欲以杂之,则二三矣。无欲也者,非自然而无也。无也者,对有而言也。有所忿懥好乐,则实而不能虚;亲爱贱恶而辟,则曲而不能直。故《定性》之教曰:"君子之学,莫若廓然而大公,物来而顺应。"大公者,以言乎静虚也;顺应者,以言乎动直也。自私用智,皆欲之别名也。君子之学,将以何为也?学以去其欲而全其本体而已矣。学者由濂溪、明道而学,则纷纷支离之说,若奏黄钟以破蟋蟀之音也。[2]

---

[1] 邹德涵:《邹聚所先生文集》,载《四库全书存目丛书·集部》第157册,齐鲁书社1997年版,第298页。
[2] 董平编校整理:《邹守益集》,凤凰出版社2007年版,第443页。

此知，东廓"无欲"说颇对当时学界"纷纷支离"之乱象批评而发。东廓认为，"戒惧"工夫是确保良知心体澄净的工夫，圣人之学就是要"去其欲而全其本体"。濂溪、明道之后，儒者多支离其说，从外在的克制做工夫，无异于用人乐去破坏自然圆足的天籁，无疑是偏离正学。故东廓自认其"无欲"说直承濂溪，并遥契孔孟之蕴。其实，早在孔子就讲到"欲""道"关系，"富与贵是人之所欲也，不以其道得之，不处也。"(《论语·里仁》)而最早讲"寡欲"的则是孟子："养心莫善于寡欲。其为人也寡欲，虽有不存焉者，寡矣；其为人也多欲，虽有存焉，寡矣。"(《孟子·尽心下》)在东廓这里，忿懥好乐、亲爱贱恶、自私用智都是"欲"的别名，都使得心体失其"廓然大公"。又如，在《罔极录序》中东廓又强调："圣人无欲，君子能寡欲，小人殉于欲，故圣学之要，必自寡欲始。寡之又寡，以至于无，则良知良能，炯然清明，如日月之光，无将无迎，而万物毕照，历千古如一日，然后谓之罔极之学。"[1]圣学之要就在于无欲的工夫，只有在"寡之又寡"乃至于无欲的工夫中，才能体悟良知之炯然清明，亦才能谓之"罔极之学"。

此外，东廓对于当时阳明后学竞谈玄虚之弊深恶痛绝，部分后学只追求一任本心，而把戒惧之实功看作对于良知的束缚，遭到东廓猛烈批判，认为此举会直接导致精神浮泛，生命无立根之处。如若只从事为入手，克制念虑，而不从不睹不闻之本体去做修养工夫，则亦无济于事，舍本逐末。其云：

> 近来讲学，多是意兴，于戒惧实功全不着力，便以为妨碍自然本体，故精神泛浮，全无归根立命处。间有肯用戒慎之功者，止是点检于事为，照管于念虑，不曾从不睹不闻上入微。不睹不闻，无形与声，而乾坤万有，莫见莫显，千圣顾諟明命，昭事上帝，正是知微知显，故内省不疚，无恶于志，直是了得天地万物，更何愧怍？[2]

对于后学讲学这一乱象，明儒徐阶曾概括："阳明先生出，始一祛卑陋支

---

[1] 董平编校整理：《邹守益集》，凤凰出版社2007年版，第307页。
[2] 同上书，第551页。

离之蔽,而学者乃或失其宗旨,竟谈玄虚而忘实践,便于无所拘检,而以'戒惧'为窒于自然。"①阳明后学,特别是良知现成派主张良知现成,而反对"戒惧"等工夫。与其他后学不同,东廓认为要先言"戒惧"而后言"中和",良知之澄明并非见成,而是由"复"的工夫中来,"复"的工夫即"戒惧"与"修己以敬"的工夫。东廓力排众说,主张"戒慎恐惧",徐阶认为其对于王学正统的守卫"公于斯道,立坊树准,有大功焉"②。东廓"戒慎恐惧"说虽承继阳明,但内涵仍有不同,阳明多从"必有事焉"的心理状态和态度去讲,而东廓不仅将其视为心体的状态,更以其为一种工夫的手段,是"致良知"工夫的总称。

对于"无欲"与"戒慎恐惧"这两个工夫的关系,东廓曾如此概括:

> 定性之学,无欲之要,戒慎战兢之功,皆所以全其良知之精明真纯,而不使外诱得以病之也。全其精明真纯而外诱不能病之,则从古圣贤,虽越宇宙,固可以开关启钥,亲聆其謦欬,而周旋揖让于其间矣。③

东廓明确指出,"无欲""定性""戒惧"实皆为一个工夫,都指向一个目的:"全其良知之精明真纯"。"无欲"与"戒惧"的工夫,皆是所以保全良知之精明真纯的方法。东廓"定性"之学、"无欲"、"戒慎恐惧"的心学工夫,都是为了保全良知之洁净精微。而只有时刻保持良知这一状态,才能与古圣贤共通,这也是自孔子以来儒学长盛不衰的原因。

综上所述,邹东廓紧扣"无欲"与"戒惧"的工夫论,于本体做工夫,力求扫除障蔽,复见本体。东廓所解"克己复礼"亦是扣紧良知本体去讲,而非落在具体事物及思虑欲望上,良知本身即具有"戒慎恐惧"之能,只要时时做功持守,本心就能保持洁净明澈之状态。表面上看,东廓工夫看似是由"戒惧"以致"中和"的克制消极工夫,而实际上,与程朱理学做消极克制相反,邹东廓之"无欲"是于本心之上扩充的工夫,使良知本体保持炯然清明,无将迎、无内外

---

① 董平编校整理:《邹守益集》,凤凰出版社2007年版,第1380页。
② 同上。
③ 同上书,第64页。

的状态。冈田武彦先生曾将邹东廓归为阳明后学中的修正派,并如此定位其工夫论,他说:"修正派的工夫是本体的工夫,而不是与本体相对的工夫。所谓本体的工夫就是'用功于本体'上;所谓与本体相对的工夫,则可以说是'用功而求本体'。"①黄宗羲曾讲:"东廓以独知为良知,以戒惧慎独为致良知之功。"②阳明良知学是从本体上讲,东廓"戒慎恐惧之学"则是从工夫论上去补充,并没有离开良知学的体系,而是在此基础上实现对阳明学的丰富发展。因此,并不能说邹东廓思想的倾向是由王反朱,也不能说是向宋代理学的回归。

"良知炯炯照苍旻,浮气粗心总属尘。"③良知本然炯然清明,邹东廓继承阳明良知学说,同时又将工夫的重心放在保持良知心体这一状态上,以良知学为学术根柢,深刻地揭示了良知学工夫论层面的学术底蕴。他提出以"戒慎恐惧"反归本体,扩充本体,开创阳明学工夫论之新局。东廓依托心学本体论的支撑,开出"克己复礼""修己以敬"的工夫论诠解方式,更援引易学思想,使得颜子"克己复礼"之学得到新的诠释,凸显了良知心体作为道德实践主体性的地位。

东廓对于"克己复礼"的诠释彻头彻尾地贯彻了阳明心学,"克己"即修己,"复"的是本心,"礼"亦是天然自有之礼。可以说,东廓"克己复礼"之学为儒家学者们指引了一条反观扩充、自律自修的道路,发明斯道,浑无罅隙,使得颜子之学在心学的视域下得到别开生面的新解。

## 第四节 "能己复礼"到"复见天地之心"
### ——罗汝芳"克己复礼"解

随着晚明时期心学的大盛,明代易学也呈现出与心学融通发展之趋势。

---

① 冈田武彦:《王阳明与明末儒学》,上海古籍出版社2000年版,第152页。
② 黄宗羲:《明儒学案·师说》,收录于《黄宗羲全集》第7册,沈善洪主编,浙江古籍出版社1992年版,第16页。
③ 董平编校整理:《邹守益集》,凤凰出版社2007年版,第1264页。

由于程朱理学过度强调天理而忽略心体,晚明儒者遂形成一股关注良知学说的逆反潮流。心学家虽有倚重周易去建构学术体系之倾向,然独立的易学专著仍然相对缺乏,易学成就的黯淡也间接导致学界对明代易学的评价相对低迷,如民国易学大家杭辛斋先生就曾指出:"元明两代之言易学,无甚发明。"[1]在这一背景下,我们再来看作为阳明的三传弟子的罗汝芳(1515—1588),其为泰州学派的代表人物,素以"赤子良心"之学为学界熟知,而其学术的一大特色,就在于其深契《周易》与其中所内蕴的生生日新之大义,并大量倚重《周易》去建构学术体系,摄取易道中的生生之德、乾知坤能、不远复等思想,强调"复以自知"的修养工夫,发展并推进了阳明心学的发展。

《罗明德公本传》中明确记载了近溪学思经历:"盖公十有五而定志于洵水,二十有六而征学于山农,三十有四而悟《易》于胡生,四十有六而授道于泰山丈人,七十而问心于武夷先生。其他顺风下拜者不计其数,接引友朋,随机开发者亦不计其数。"[2]结合《近溪集》相关记载,近溪少时从其母学习《孝经》《小学》,年至十五师从张洵水学《论语》,并广泛涉猎《近思录》《性理大全》等理学书籍。近溪求学历程中有几个重要转折点和思想转变,他早年深信程朱工夫路径,"劳苦身心""信受奉行",达到"忘食寝,忘生死"之地步,甚至"几至丧亡莫救"。直至其父传授他《传习录》"致良知之旨",近溪才"日玩索之,病瘥"[3]。然近溪心病并未得到彻底根除,可见近溪思想的驳杂性与融通性。

而近溪学思生命中最为有名的一次转变,即发生在26岁时的"制欲体仁之辩",贺贻孙在《颜山农传》中详细记载了山农怒斥近溪制欲求仁的进路,主张于心上体仁:

> 始罗慕道极笃,以习静婴病,遇先生在豫章,王谓之,先生一见即斥曰:'子死矣,子有一物,据子心,为大病,除之益甚,幸遇吾尚可活也。'罗公曰:'弟子习澄湛数年,每日取明镜止水,相对无二,今于生死得失

---

[1] 杭辛斋:《学易笔谈》,岳麓书社2010年版,第14页。
[2] 罗汝芳:《罗汝芳集》,方祖猷、梁一群等编校,凤凰出版社2007年版,第832页。
[3] 同上书,第834页。

不复动念矣。'先生复斥曰：'是乃子之所以大病也，子所为者，乃制欲，非体仁也，欲之病在肢体，制欲之病乃在心矣，心病不治死矣。'①

在遇到山农之前，近溪是程朱理学的"忠实信徒"，文中称之为"慕道极笃"。而近溪遵循程朱理学去做"制欲体仁"的工夫，然效果并不理想，反致"心火"旺盛。在与山农的交流中，山农认为，近溪强行克制自己的欲望，取明镜止水的做法实属缘木求鱼，外在的制欲只能单纯克制身体的欲求，而并不能从根本上解决问题。在山农那里，欲望的根源在于本心，而非形躯，因此山农从"本心"去提点近溪，挽救近溪于紧要关头。

在《近溪子续集》中有更详尽细致的记载，彼文中近溪与山农二人复有更深入讨论，《会语续录》中记载了近溪向山农请教："克去己私，复还天理，非制欲，安能以遽体乎仁哉？"②山农回复说："子不观孟氏之论四端乎？'知皆扩而充之，如火之始燃，泉之始达。'如此体仁，何等直截！故子患当下日用而不知，勿妄疑天性生生之或息也。"③

上文中，近溪与山农关于"制欲体仁"论辩的焦点，在于制欲是否是体仁的正确方式。制欲和体仁是一对矛盾，近溪制欲做的是不断克制、不断向内收敛的工夫，而山农走的是孟子"扩充本心"的路线，是不断扩充良知，求其放心的过程。一味地克制、收敛、做制欲的工夫，不仅不能进入体仁放心的状态，反而会使得心病日渐加剧。因此，山农此语对近溪来讲无疑当头棒喝，使其明晰以往求仁之方的错误所在。

此后，近溪便成为心学的忠实传承者，近溪对于阳明心学的继承，还体现在他对本心"朗照澄湛"的继承和发展，他说：

殊不知天地生人原是一团灵物，万感万应而莫究根原，浑浑沦沦而初无名色，只一"心"字，亦是强立。后人不省，缘此起个念头，就会生个

---

① 颜钧：《颜钧集·卷九：贺贻孙〈颜山农先生传〉》，中国社会科学出版社1996年版，第82页。
② 罗汝芳：《罗汝芳集》，方祖猷、梁一群等编校，凤凰出版社2007年版，第231—232页。
③ 同上。

识见,露个光景,便谓吾心实有如是本体,本体实有如是朗照,实有如是澄湛,实有如是自在宽舒。不知此段光景,原从妄起,必随妄灭。①

上文可见,近溪用"光景"一词来描述良知之日用流行。对于"光景"一词,牟宗三先生曾从广义与狭义两个层面做了详细定义,他说:"良知自须在日用间流行,但若无真切工夫以支持之,则此流行只是一种光景,此是光景之广义。而若不能使良知真实地具体地流行于日用之间,而只悬空地去描画它如何如何,则良知本身亦成了光景,此是光景之狭义。"②可以看出"光景"有两个层面含义,良知既不是头脑中空描画流行的"流行的光景",亦不是在生活中具体展现的日用流行。

近溪此处亦是想要提醒世人应该打破对于"光景"的依赖,努力透过"光景",透过此心,回归本心之朗澈澄净。一方面,不能离开人伦物用,去把捉"良知"本身;另一方面,亦不能直接把人伦物用看作良知。此亦是牟先生所讲的"真功夫",他说:"我们既须拆穿流行地光景(即空描画流行),亦须拆穿良知本身底光景(空描画良知本身)。这里便有真实工夫可言。"③诚然,只有在日用流行中,良知才能彰显于外,头脑中极力把捉的不过是悬空的、空画的良知之概念,是把良知本身当作光景,同时亦要警惕把良知之展现当作良知本体之另一极端。

亦正因为如此,近溪才复又强调:"皆是想度意见而成,感遇或殊,则光景变迁,自谓既失,乃或倏然形见,自谓已得,乃又忽然泯灭,总无凭准。于是一切醒转,更不去此等去处计较寻觅,却得本心浑沦,只不合分别,便自无间断。"④外在的光影明灭斑驳,极容易迷失,而这"光景"一旦被打破,个体醒转,便不会缘木求鱼、四处寻觅,才会发现本心本然浑沦一体、自然显发之状态。

---

① 黄宗羲:《明儒学案·卷三十四:泰州学案(三)》,中华书局1985年版,第768页。
② 牟宗三:《从陆象山到刘蕺山》,上海古籍出版社2001年版,第205页。
③ 同上。
④ 黄宗羲:《明儒学案·卷三十四:泰州学案(三)》,中华书局1985年版,第770页。

由上可知,近溪的工夫贵在超越和回归的双重性上,正如牟宗三所评价的,其工夫是"无工夫的工夫,亦即吊诡的工夫"①,也是看似不好把捉,实则浑成一体。在对"克己复礼"这一命题的诠释中,近溪学术的这一特色则得到了淋漓尽致地展现。

首先,对于《论语》"仁"的含义,近溪认为来源于《周易》的生生之德。其云:

> 及问仁,而一日克复,天下归仁,全部交付《大易》。②
>
> 孔子云:"仁者,人也。"盖仁是天地生生之大德,而吾人从父母一体而分,亦纯是一团生意。③
>
> 孔门宗旨,止要求仁,究其所自,原得之《易》,又只统之以"生生"一言。夫不止曰"生",而必曰"生生","生生"云者,生则恶可已也。④
>
> 宇宙间其一心矣乎!夫心,生德也,活泼灵莹,融液孚通……生之谓仁,生而一之之谓心……此心之仁之所以博乎其施也,会而通之,吾兹有取于易之乾坤矣。⑤

由上可见,近溪之所以认为孔子所讲"仁"来源于《易》,是此两者都统具一种"生生之德"。《周易·系辞传》讲"天地之大德曰生""乾知大始,坤作成物,乾以易知,坤以简能。"易之生生大德,蕴藏于乾坤二卦的大化流行中,天地以生生为道,展现出沛然莫之能御,神妙莫测的大千世界。而心体的生生之仁之所以能够不断地展开,则在于"复以自知"和"复见天地之心"的工夫,在于人在"复以自知"的过程中,此心能够博而施,会而通,能够在此过程中体会到"心一则仁一,仁一则生无弗一"的奥妙。而早年,近溪经历了由朱到王

---

① 牟宗三:《从陆象山到刘蕺山·王学之分化与发展》,收录于《牟宗三先生全集》第 8 册,台湾联经出版社 2003 年版,第 240 页。
② 罗汝芳:《罗汝芳集》,方祖猷、梁一群等编校,凤凰出版社 2007 年版,第 255 页。
③ 同上书,第 430 页。
④ 同上书,第 277 页。
⑤ 罗汝芳著,〔韩〕李庆龙汇集:《罗近溪先生语录汇集》,新星出版社 2006 年版,第 367 页。

的转变,体仁的方式亦发生根本变化。

关于"复以自知",近溪如此讲道:

> 地中即谓之黄中,中而通者,乾阳之光明,知之所始也。乾知太始处,便名曰"复",复也者,即子心顿觉开朗,所谓"复以自知"者也。子心既自知开明……应对便分外条畅,手足便分外轻快,即名中通而理。①
>
> 黄中所通者,即一阳真气,从地中复,所谓:克己而复者也;中通而理者,即阳光而明,所谓:复以自知,而文理密察,以视听言动而有礼者也。故从此而美在其中,从此而畅于四肢,发于事业。②

"黄中通理"出于《周易·坤卦·文言传》"君子黄中通理,正位居体,美在其中,而畅于四支,发于事业,美之至也"③一语,其意为:能够笃行中道的君子,则自然能够将仁德之至美畅达于外,并显发于事业之中。而此处近溪所侧重论述的黄而中通之"通"所谓何物,近溪认为是复卦所谓的"一阳之气",也即乾德之"知"所始处。此初生之气是光辉而清明的,一旦此心通达此理,本心自然就会呈现并处于清朗开阔的状态,言行自然就会合于"礼",喜怒哀乐之情自然发而中节。因此,近溪在《卷射篇》中进一步将"克己复礼"与"黄中通理"联系在一起。一方面,他解释"复"的内涵重在"一阳来复"的复求回归,透过克己来复求本然之我;另一方面,又强调"黄中通理"并不是通一个外在的理,而是"复以自知"对本心之理的内求体悟,也是近溪屡屡所讲的"复见天地之心"。

此处需要辨明的是,虽然近溪通过"一阳之气"来解释"黄中所通",然其最终指向,或者说落脚点在于"复以自知",在于对自家心体的体认。近溪从对"克己复礼为仁"与"孔门学易"的关系进行讨论,进一步推出"非易无以见天地之仁""复见天地之心":

---

① 罗汝芳:《罗汝芳集》,方祖猷、梁一群等编校,凤凰出版社 2007 年版,第 156 页。
② 同上书,第 154 页。
③ 朱熹:《周易本义》,廖名春点校,中华书局 2009 年版,第 48 页。

问:"孔子以复礼答颜氏问仁,则所谓学《易》者,即所以求仁矣乎?"罗子曰:"《易》,所以求仁也。盖非易无以见天地之仁,故曰:'生生之谓易',而非复无以见天地之易,故又曰:复其见天地之心。夫大哉乾元!生天生地,生人生物,浑融透彻,只是一团生理。吾人此身,自幼至老,涵育其中,知见云为,莫停一息,本与乾元合体。众却日用不著不察,是之谓道不能弘人也。必待先觉圣贤的明训格言,呼而觉之,则耳目聪明,顿增显亮,心思智慧,豁然开发,真是黄中通理,而寒谷春回。此个机括,即时塞满世界,了结万世,所谓:天下归仁,而为仁由己也。"①

近溪将乾元化生万物之理与人自身联结起来,认为人类亦是秉受天地之气而生,一切生命活动也都是此一团"生生之理"在发挥作用,因此人的生命本身就是与乾元之德合而为一。然而,众人却往往沉溺于生活,不能自觉体察内在本有的乾元之德,罗氏以为这就是所谓的"人能弘道,非道弘人"。一般人往往需要在圣贤的引导训示下才能够觉醒,进而内求"黄中通理"之良知明德,后知后觉地去体认个人生命与天地之心相关联的道德意义。虽然如此,近溪以为,当人们得以一朝觉醒,求仁由己时,那便是霎时"寒谷春回"的天下归仁之境界。此即近溪所谓:"能复,即其生生所由来;归仁,即其生生所究竟也。"要复的,就是复个自家内在之心,复个乾元生生之德,使生命复归于天地之仁。

关于"复的工夫"在道德本体的作用上,近溪讲道:

谓之"复"者,正是原日已是如此,而今始见得如此,便天地不在天地而在吾心。所以又说:"复以自知。""自知"云者,知得自家原日的心也。②

近溪说明"复"的工夫,意思在于本心作为道德本体,原本即是天生俱足

---

① 罗汝芳:《罗汝芳集》,方祖猷、梁一群等编校,凤凰出版社2007年版,第28页。
② 同上书,第75页。

的,所"复"只是往日蒙蔽之心,今日觉醒始得以发明再现,所以"复"的工夫只是"复以自知"而已,自知只是体认"自家原来之心"。此外,这个道德本体的"本心",近溪认为即"天地之心"。罗氏云:"经云:'复见天地之心',则此个心即天心也。"①所谓"复心"复的不是"我有心,而汝亦有心;人有心,而物亦有心"②的千殊万异之心,而是"天与地、我与物,亦即时贯通联属而更不容二也已"③的人人同然之良知本心。因此,此之天心、本心是"心体固须扩充,但本体之知原出不虑"④。道德本体之心是不思不虑而本然圆足的。

如果我们把近溪的"复心"工夫放进宋明理学来看,程颐、朱熹对于复卦的解释,一致倾向于汉易十二消息的气化流行。特别的是,程颐《易程传》却对复卦初九"不远复"一句,率先以颜子"一有不善,未尝不知;既知,未尝不遽改"⑤来解释,认为颜子能在过失之初及时改过,因此才能及时亡羊补牢"不至于悔"。象山弟子杨简的《杨氏易传》则解颜子"不远复"为"微过即觉,觉即泯然"⑥。只要有微小的过错,便能当下觉察,并立即断绝恶念,这是以意念发端之际的断绝、不继起来解释"不远复"。王门弟子王龙溪则是以"一念初机,不待远而后复"⑦来解释,此与杨氏之说相近,也是在一念之初断绝妄念,复归良知。意即在良知呈现一念之微时的"失"初端处,应立即断去妄念而复归良知。因此,王龙溪此之"不远复"良知之"复",主要作用是在于对治妄念的斩绝拉回,而不似罗近溪"复以自知"单纯从道德本体讲复显回归。

整体来看,程颐、杨简、朱熹、王龙溪均未从本体论的角度去解读复卦,只是以意念之"回复"解之,唯独罗近溪屡屡扣紧复卦去讲"复心"与"复以自知"的本体工夫,这点近于陆象山"《复》是本心复处"⑧的说法。我们可以发现,象山、阳明以后的心学家,解读《论语》"克己复礼"一语时,并未有如近溪一般

---

① 罗汝芳:《罗汝芳集》,方祖猷、梁一群等编校,凤凰出版社2007年版,第220页。
② 同上书,第220—221页。
③ 同上,第221页。
④ 同上书,第187页。
⑤ 黎庶昌辑,朱熹集录:《易程传》,收录于《古逸丛书》,华东师范大学出版社2017年版,第126页。
⑥ 杨简:《杨氏易传·卷九:复》,上海古籍出版社1990年版,第99页。
⑦ 王畿:《王畿集·卷二:建初山房会籍申约》,吴震编校整理,凤凰出版社2007年版,第49页。
⑧ 陆九渊:《陆九渊集》,中华书局2008年版,第490页。

深入扣合《周易》复卦的本体工夫去进行诠释。

近溪对颜子之学的概括,同样是着重在一个"复"字,他认为"颜子复礼之复,固《易经》复卦之复"①,"颜子心不违仁,则浑然已是复了,复则昭然已自知了"②。这就把颜子之学的"克己复礼"和《周易》的"不远复"紧密连接起来。关于颜渊的"克己复礼",罗氏是这么答复门人的:

问:"孔子之'时'与颜子之'复',同异何如?"

罗子曰:"颜子之'一日复礼',是复自一日始也。自一日而二日三日,以至十百千日,浑然太和元气之流行,而融液周遍焉,即时而圣矣。故复而引之纯也,则为时;时而动之天矣,则为复。时,其复之所由成,而复,其时之所自来也欤?"

曰:"复本诸《易》,则训释亦必取诸《易》也。《易》曰'中行独复',又曰'复以自知'。独与自,即己也,中行而知,即礼也。……故观'一日天下归仁',则可见礼自复而充周也;观'为仁由己'而不由人,则可见复必自己而健行也……象山解'克己复礼'作能以身复乎礼,似得孔子当时口气。"③

上文中,近溪与门人讨论了"时"与"复"的关系,以及"克己复礼"之解释两个问题。对于"复"与"时"的关系,近溪认为"复见天地之心"并不是工夫论的终点,而只是起点。"一日克己复礼"并不仅是一天,应解为"复自一日始",在此基础上每一日都必须落实到"克己复礼",日复一日而能达到"时而圣"。因此,"时而圣"是"一日克己"所复而来,日日复礼之成则是为"时而圣"。近溪还认为"复礼"就是"中行而知","克己复礼"就是复以自知、反身而诚,并在此基础上做到中行归礼的过程。由此看来,近溪所讲的"克己复礼"之"复"似乎涵括了至少两层含义:一为"复以自知"之复,借由内在道德本体的自觉复

---

① 罗汝芳:《罗汝芳集》,方祖猷、梁一群等编校,凤凰出版社2007年版,第26页。
② 同上书,第280页。
③ 同上书,第25—26页。

显而"能己复礼";二为在"能己"之后,外在言行"复归于礼"的矫正复归。

至此,我们可以很清楚地理解,近溪对"克己复礼"的解释呈现出两大特色。首先,他充分利用《周易》"复卦"开出"复见天地之心"的工夫论,并在对孟子"反身而诚"与程明道"认得为己""仁者浑然与物同体"的把握中,凸显出孔子"求仁"这一儒家核心总旨。其次,近溪一反朱熹以"私欲"释"己"、将"克己复礼"解为"克制私欲复归天理",而将这一命题解释为"能己复礼"这一富有心学特色的解释。在近溪那里,"己"并非需要克制的对象,而是需要"复以自知"的省觉对象。近溪在另一处还直接将"克"字解释为"能",其云:"况'克'字正解,只是作'胜'、作'能',未尝作'去'。"[①]"'克去己私',是原宪宗旨,不是孔孟宗旨。"[②],此说不仅取消了传统经说对于"克己复礼"的克制、克去之意,还从根本上推翻了程朱一系对于"克己复礼"的解释。笔者认为,此种诠释观点,恰好与近溪"制欲非体仁"的悟道经历相吻合。近溪的亲身验证让他明白,如果把"己"看作消极的对象、私欲的根源,而进行一味地克制,反而会导致心火旺盛而适得其反。

综上,近溪从《周易》"复卦"捻化而出的复以自知工夫,扣合了"中行独复"、《论语》的"克己复礼"以及孟子的良知说。自陆王心学发展以来,心学家们虽亦多有取于《易传》《孟子》去立论,但很少有如近溪这般大量汲取《周易》义理去建构个人哲学思想的情况。可以说,近溪把复卦的义理精髓与其宇宙论、工夫论的理论建构相挂钩,这使得近溪哲学本体论的天人两端,彻头彻尾地贯穿了大易之道。这种在理论上高度取资周易的现象,也是陆王心学一派的学者从未有的。可以说,近溪这种在由易经统括群经的理念基础之上,以《易》为主线联结先秦儒家经典,透过摄"仁"归《易》、摄"良知"归《易》,建构心学思想的路线是对于明末心学的发展,也展现了明代心学与易学融通发展的一大趋势。

宋明儒学,一言以蔽之,即内圣之学。牟宗三曾讲:"宋明儒六百年之传

---

① 罗汝芳:《罗汝芳集》,方祖猷、梁一群等编校,凤凰出版社2007年版,第26页。
② 同上书,第424页。

统以讲内圣之学为主。内圣之学之本质只在相应道德本性而为道德的实践。道德的实践即是道德行为之纯亦不已。"①阳明后学诸子更是沿着阳明所开创的心学脉络,抽绎出不同的工夫体认路径和道德实践方式,都把"心"当作贯通个我与世界藩篱的中介,来打通天人物我内外。

阳明学术是对于程朱心理为二问题的反省,纠偏工夫路径上的支离外求之弊。而阳明后学诸子在承继阳明学的过程中,承述孔孟之志,沿袭阳明之精神,发皇心学,即心言礼,将心学中适用的部分予以阐扬和发展。牟宗三认为:"大抵自阳明悟得良知并提出致良知后,其后学用功皆落在如何能保任而守住这良知,即以此'保任而守住'以为致,故工夫皆落在此起码之最初步。"②然阳明后学因禀赋、学识等不同而对于师学的体悟不同,因此,在论学的过程中产生了不同的分化。然相对来讲,阳明后学诠释"克己复礼"仍有理路可循,其一大特色即在于在将礼"内在化"与"本体化"的尝试中,强调道德实践之第一义工夫的过程中,必须以"先天正心之学"或"即本体以为工夫"为工夫实践的出发点,换言之,道德实践的根本要求在于挺立自身道德主体性,而不是用外在的规范去制约和抑制私欲以使其合乎礼。

前文分别以邹东廓与罗近溪两位阳明后学为代表,分析了阳明后学"克己复礼"的诠释特色。邹东廓作为"王学之宗子",其"戒慎恐惧"说将"无欲""主敬"等工夫看作彰显良知的本体工夫。东廓对"克己复礼"一语的诠解亦是从工夫论层面出发,紧扣良知本体,"即本体言礼",又强调"克己复礼"即"修己以敬"的心学解释。整体来看,东廓"克己复礼"解释,以"心学本体论"为筌蹄,以"复归本我之心"为鹄的,开出"克去己私""修己以敬"的工夫论诠解方式,援引易学思想,一扫宋儒以私欲解己的诠释路线,扭转了当时学界"竞谈玄虚之流弊",在凸显良知心体作为道德实践主体性的地位的同时,亦使得颜子"克己复礼"之学在心学的视域下得到别开生面的新解释。

整体看,阳明后学经典诠释的长处在于,高扬了一体之仁在道德主体实

---

① 牟宗三:《心体与性体》中册,上海古籍出版社1999年版,第156页。
② 牟宗三:《从陆象山到刘蕺山·王学之分化与发展》,收录于《牟宗三先生全集》第8册,台湾联经出版社2003年版,第255页。

践过程中的重要意义,凸显了心体在体仁、践仁之工夫实践中的重要意义。但是其缺点在于没有意识到"仁""礼"关系的交互主体性,因此,在落实到客观有效的具体规范上就没有足够的力量。换言之,对于心体的高扬,亦在一定程度上造成悬空说心体,忽略外在践履的流弊。如若过分地重视克己,则外在复礼之实功被转化为向内体贴本心的工夫,极易导致人心与社会秩序之间的关联松散,也会弱化对于传统儒学平实、真切的践履工夫。

# 第六章
# 清代"克己复礼"诠释及其特色

## 第一节 清代经学与"克己复礼"诠释

由经典诠释的视野看，中国经学的发展史亦是经典诠释的发展史。从春秋战国时期，孔子以述代作，开启传统儒学的发展史，经由汉唐经学、宋明理学、清初考据，儒家经学呈现出不同的面貌。清代儒学最突出的学术特征就是对宋明理学的排斥与批评，而自宋至清，程朱理学早已深入人心，加之清朝依然沿袭明代实行科举制度，仍旧尊奉朱子学的经书解释。因此，朱学在清代仍然处于官学地位，想要驳斥宋学并非易事，需要极大的勇气和决心。

由于宋明理学虽以思辨见长，但在实用性层面却相对薄弱，在清代经世致用之学风日益高涨的情况下，加速了儒者们对于朱子学的反叛和摆脱。士人们有感于家国情怀，对于宋明儒学"空疏无用"之倾向提出猛烈批判，在学界掀起一股务实考据之风，在清代始自颜元、毛奇龄，至乾嘉时期戴震、阮元、陈澧对于前儒思想猛烈攻击。在17世纪中叶的清代，涌现出的这批有勇气有见识的知识分子，在学界开展出一种"反对玄学、讲求实学"的学术风气。在具体的研究方法上，不再偏重于形上哲学层面的探讨和发挥，而更侧重实证层面的研究。这种风气被台湾丘为君教授称为"反玄学运动"，他说："这一被胡适称之为'经学革命'的儒学发展，经历了由义理诠释导向的宋明理学（尊德性），转进到以文字训诂为主的经学考证（道问学)的巨大变化。"①在反玄学运动的冲击下,朱子学的经书理念渐趋为考证学的实证所瓦解,而《论语》的诠释亦因此产生了变化,呈现向考据学回归的趋势。对此,我们不能否认训诂考据是儒学研究的必要路径,然儒家研究绝不能单纯停留于此,而要从义理层面继续纵深,如果过度依赖和随从语言文字的原始含义,反而容易被局限住。

　　陈居渊认为:"经学从汉代开始,历经魏晋、隋唐、宋元、明清近两千余年的演变发展,先后呈现出神学化、玄学化、理学化、朴学化的时代特征,产生于十八世纪的'汉学',就是中国古代经学朴学化时期的集中体现。"②清代儒者承继宋学的疑古精神,更远绍汉代古文经学训诂考据之学风,在此基础上,开创了清代涵括汉学考据、宋学义理的经典诠释路线。回归儒学原典,可以说是清初经学的一个显著特征。考据学的诠释方法固然有其重要意义,然亦有无法照顾到文本复杂性的弊端,清代学者对经典解读过度强调考证的趋向,也在一定程度上导致他们对于道德践履、心性修养的忽视。以下,以戴震与凌廷堪为例,展现了二人对礼学的揭示、对人自然情欲的肯定以及对程朱理学理欲对立观的解构。

## 第二节　戴震"克己复礼"解

### 一、"礼者,天地之条理"——戴震"克己复礼"诠释之基

　　戴震作为清中叶的经学巨擘,勤勉向学,宿志求真,其学兼涉义理、考据、天文、地理,在文字、声韵、训诂以及哲学层面都有较高成就。章学诚曾在《文史通义》对戴氏赞誉有加,他说:"戴东原氏,非古今无其偶者,而乾隆年间未尝有其学识,是以三四十年中人,皆视以为光怪陆离,而莫能名其为何等

---

① 丘为君:《戴震学的形成:知识论述在近代中国的诞生》,新星出版社2006年版,第143页。
② 陈居渊:《汉学更新运动研究——清代学术新论》,凤凰出版社2013年版,第1页。

学。"①对于戴震的诠释进路与方法,黄俊杰先生亦曾如此总结和评价,他认为戴震的研究进路是经由训诂言义理,是"将诠释学问题转化为训诂学的问题",仍不能免于"脉络性"断裂之病。② 可见,黄先生一方面肯定戴震由字词训诂到义理阐发的进路,认为二者相互发明,然另一方面认为戴震没有突破文字的藩篱,而是仍胶着于文字去解释儒家经典。对此,笔者认为,在哲学层面,戴震十分强调对于儒家经典的回归,这一特点在乾嘉时期注重考据的学术氛围下,显得难能可贵,而礼学作为戴震学术中重要的一环,也非常鲜明地体现了戴震学术考据与义理相结合的这一特点。戴震礼学涉及名物制度、义理探讨等方面,《仪礼考正》《周礼太史正岁年解》《乐器考》等都是戴震礼学考据的重要代表作,而在哲学层面的礼论探讨则散见于《原善》《孟子字义疏证》《孟子私淑录》等专著中。

戴震对于义理考据与哲学层面都有较深的思考和探讨,充满创发和新意,章学诚曾讲:"凡戴君所学,深通训诂,究于名物制度,而得其所以然,将以明道也。"③戴震礼论的特色是,在哲学层面,透过宋学理欲之辨展开阐发和论述,可以说颇值得关注。而在当代有关戴震学术的研究中,对戴震礼学多从考据层面去讲,在哲学义理层面则相对缺少。实际上,戴震礼论与其哲学思想中的诸多辩题都紧密联系在一起,特别是理欲之辩等论题,与"克己复礼为仁"的诠释亦紧密相关。

戴震并非单纯地返归义理,而是在批判宋儒,特别是痛斥宋儒引佛老之言解经理路的基础上,进一步提出自己的观点。而也因为戴震对于宋学流弊的批判,使得朱子学在明代末期进一步边缘化。因此,对于戴震学术义理建构的探讨,可以为我们了解明清学人批判反对程朱思想,提供新的研究视角和研究思路。下文旨在透过戴震对于"克己复礼"的诠释,去看戴震所构建的理想世界观,从他对以朱熹为代表的宋儒的批判和创见中,进一步探讨戴震对于程朱理学天理思想的转化及其背后的意涵指向。

---

① 章学诚:《文史通义》,台湾华世出版社1980年版,第322页。
② 黄俊杰:《孟子思想史论》,台湾"中研院"文哲所筹备处1997年版,第362—371页。
③ 章学诚:《书朱陆篇后》,收录于《戴震全书》第7册,张岱年主编,黄山书社1997年版,第288页。

在清代考据之风的影响下,乾嘉学者多注重以古代典章制度为依据去寻求圣人之道。戴震亦是如此,他说:"贤人、圣人之理义非它,存乎典章制度者是也。"①"理义不存乎典章制度,势必流入异学曲说而不自知。"②考据、训诂等只是进一步哲学研究的基础和凭借,而非治学之最终指向,训诂、考据层面的努力为其哲学思想提供理论基础。戴震坚信圣人之道,圣人所讲之理义,必然存在并彰显于典章制度中,认为如若理义不存于其中,则有流入异端曲说的危险。问题是圣人之道是否一定要寄存或者表现于外在的典章制度中呢?戴震此言有两个面向:一方面表现了他对礼制的强调,凸显礼制在儒学中的地位;另一方面为儒者指明了寻求圣人理义的方向和方法。

戴震从"条理""分理"的角度去看待世间万物,他认为条理性是事物的本质属性。他说:"凡物之质,皆有文理,粲然昭著曰文,循而分之、端绪不乱曰理。"③"一阴一阳,盖言天地之化不已也,道也……生生,仁也,未有生生而不条理者。条理之秩然,礼至著也;条理之截然,义至著也,以是见天地之常。"④在强调万物之质在于文理的基础上,戴震紧扣事物之条理,提出生生必有条理,"理"即条理。戴震"条理"说是对宋儒"天理"说的批判,取消了宋儒天理说之超越意涵,而化为形下之条理。朱子强调"性即理"则是从人性本质层面去讲心与理一。阳明强调理是心之条理,陈来先生认为阳明所讲之礼是"人的知觉的自然条理在实践活动中赋予了事物条理,使事物呈现出道德秩序。所以,事物之'理'论根源不在心外"⑤。阳明所讲之礼是立足本心从道德层面去讲。而戴震所讲之理,已脱离朱子学与阳明学,并非从内在于人心的道德层面去讲,而是从单纯的物理、条理去讲。换言之,如果探究"理"之根源,在朱子那里是"性",在阳明那里是"本心";而戴震则是脱离了道德主体去讲理,完全转换为从物理、条理层面去讲。

在这一视域下,戴震讲"礼"亦是从条理的角度去讲,他说:

---

① 戴震:《戴震全书》第 6 册,张岱年主编,黄山书社 1995 年版,第 505 页。
② 同上。
③ 同上书,第 89 页。
④ 同上书,第 8—9 页。
⑤ 陈来:《有无之境:王阳明哲学的精神》,生活·读书·新知三联书店 2009 年版,第 36 页。

> 礼者,天地之条理也,言乎条理之极,非知天不足以尽之。即仪文度数,亦圣人见于天地之条理,定之以为天下万世法。礼之设所以治天下之情,或裁其过,或勉其不及,俾知天地之中而已矣。至于人情之漓,犹饰于貌,非因饰貌而情漓也,其人情渐漓而徒以饰貌为礼也,非恶其饰貌,恶其情漓耳。礼以治其俭陋,使化于文;丧以治其哀戚,使远于直情而径行。情漓者驰骛于奢与易,不若俭戚之于礼,虽不足,犹近乎制礼所起也,故以答林放问礼之本。①

由上可知,戴震认为礼就是圣人取法天地之条理而作,定之为世间之法。按前文所讲,戴震认为圣人在取法天地制礼的过程中,亦将圣人之道赋予其中,只要依循礼制仪文,即可观察其中所蕴含的圣人之道。而戴震以为的"圣人之道"即是日用,他说:

> 古圣贤之所谓道,人伦日用而已矣,于是而求其无所失,则仁义礼之名因之而生。非仁义礼有加于道也,于人伦日用之无失,如是之谓仁,如是之谓义,如是之谓礼而已矣。②

戴震以人伦日用来言道,圣人制礼之依据在于条理,而条理亦不外乎人伦日用之条理而已。因此,礼之依据亦是人伦日用,正因为如此,戴震才讲:"礼者,天则之所止,行之乎人伦庶务而天下共安,于分无不尽,是故恕其属也。"③"舍人伦日用,无所谓仁,无所谓义,无所谓礼。"④在戴震看来,礼不离人伦日用。依乎田泽,行乎人伦,有礼有序的生活世界即是礼。

由上可知,在理学结构中,"理"作为一个超越经验、独立客观的形上实体而存在,而戴震强烈反对宋儒空言"理",主张返回到六经典籍、回到最原初的

---

① 戴震:《戴震全书》第6册,张岱年主编,黄山书社1995年版,第206页。
② 同上书,第202页。
③ 同上书,第23页。
④ 同上书,第202页。

生活世界,去追寻圣贤之道。他在凸显礼制的对象性与客观性的同时,将宋儒所重的形上道德意涵还原到具体的人伦日用中去。戴震言礼在某种程度上是对汉代训诂学的复归,即不似理学从道德层面去讲,而是立足人伦日用,从具体的条理规则去讲。戴震礼学是批判宋儒的重要一环,在此基础上,戴震对于"克己复礼为仁"的解释亦别具特色。然我们亦要清醒地看到,在强调人伦日用、反对天理的视域下,戴震是否有力地撼动了朱熹的诠释体系,仍是值得我们进一步探讨的内容。

## 二、"无私而非无欲"——戴震"克己复礼"诠释之体

由宋以来流行的"惩忿窒欲"倾向,使得学者们多把人欲看作对治的目标,强调存理去欲。这一倾向随着明代以来对于"情""欲"的肯定而呈现扭转的趋势。在清代经学的推动下,对于"欲"的渐趋正视和肯定,才使得理学的"理欲对立"观得到突破。早在刘宗周(1578—1645)弟子陈确(1604—1677)那里就出现了肯定人欲的论述,认为人欲同样是人心所发,亦是善的源头。正如陈确所讲:"欲即是人心生意,百善皆从此生,止有过不及之分,更无有无之分。"[1]可见对于"欲"的看法已有明显转变,陈确所讲之欲甚至已非自然之欲,而是上升至孔子所讲的"我欲仁,斯仁至"的道德之欲,已经充满着道德之面向。而至清代这种趋势方才渐趋壮大,清儒大都反对宋儒以来的理欲对立观,以及在此基础上衍发而来的存理灭欲之工夫主张,他们挑战传统的理欲判然二分,呼吁正视和肯定人欲。

对于儒家理欲观,刘述先指出:"至天理人欲之说,儒家从来不讲绝欲,故与释氏异,无欲者,无不当之人欲也,是为纯乎天理。守住这一分限,才可以真正做修养功夫。以天理为首出,则正当的欲望自可以化而为纯乎天理。"[2]刘述先区分了"绝欲"与"无欲",在佛家讲绝欲,而在儒家则只讲无欲,不讲绝欲,无欲之工夫则是致力于做无欲修身之工夫,消除不当之人欲,回归纯乎天理的状态。

---

[1] 陈确:《陈确集·无欲作圣辨》,中华书局1979年版,第461页。
[2] 刘述先:《黄宗羲心学的定位》,台湾允晨书局1986年版,第168页。

广义来讲,"人欲"一词的内涵是广泛的、中性的。在先秦儒家那里,"欲"本身就有"合理欲望"与"非合理欲望"之类型的区分。而理学对于"天理"的过度关注就使得整体意义上"欲望"受到压抑,力图把个体生命的全部变成一种德行生活,而欲望受到压制的个体生命反而陷入紧张中,丧失其活泼性和生动性。

戴震对于宋儒的理欲观批驳甚力,他在早年就对朱熹《集注》产生怀疑,认为"多有未稳",他说:"《集注》盖熹十年前本为朋友间传去,乡人遂不告而刊。及知觉,则已分裂四出,而不可收矣。其间多有未稳。"①戴震后期在《孟子字义疏证》等著作中更是对宋儒解经方法以及儒释道三家的义理差别加以辨析和批驳,其中一大矛头即是指向宋儒在经学诠释中"引佛老之言"解经的倾向。他曾如此讲道:

> 周子之学,得于老释者深,而其言浑然与孔孟相比附,后儒莫能辨也。朱子以周子为二程所师,故信之笃,考其实固不然。……张横渠亦访诸释、老之书累年;朱子年四十以前,犹驰心空妙……虽终能觉悟释、老之非,而受其弊,习于先人之言不察者亦不少。②

众所周知,宋学如周敦颐、二程、朱熹等都有出入佛老的经历,因此在陈述义理、讲学求道的过程中会援引佛道术语以证己说。在宋代之后,很多学者都批判宋学有浸染佛老、背离传统儒家思想的倾向,然而像戴震这般深入彻底地对诸多宋儒提出批驳的仍属少见,他认为上启周敦颐,下至朱熹等儒者,皆或多或少受到老、释的影响,因此会出现受佛老浸染而"不觉"的现象。

戴震在这一观念的影响下,结合具体的文本对宋儒展开了猛烈的批判。其表现之一就在于对"理欲关系"和"克己复礼为仁"的诠释和分析中。

戴震"克己复礼"诠解是在分析儒道佛三家对"私""欲"的不同理解的基础上,判定朱子"克去私欲"说之思想来源于佛老无欲说,他详细说道:

---

① 戴震:《戴震全书》第2册,张岱年主编,黄山书社1994年版,第591页。
② 戴震:《戴震全书》第6册,张岱年主编,黄山书社1995年版,第132页。

## 第六章 清代"克己复礼"诠释及其特色

朱子释之云:"己,谓身之私欲;礼者,天理之节文。"又云:"心之全德,莫非天理,而亦不能不坏于人欲。"盖与其所谓"人生以后此理堕在形气中"者互相发明。老、庄、释氏,无欲而非无私;圣贤之道,无私而非无欲;谓之"私欲",则圣贤固无之。然如颜子之贤,不可谓其不能胜私欲矣,岂颜子犹坏于私徒邪?况下文之言"为仁由己"何以知"克己"之"己"不与下同?此章之外,亦绝不闻"私欲"而称之曰"己"者。朱子又云:"为仁由己,而非他人所能与。"在"语之而不惰"者,岂容加此赘文以策励之!其失解审矣。然则此章之解,可得闻欤?①

由上可以初步看出,戴震批判的矛头指向宋儒,极力批判宋儒援释老思想来解儒家义理。戴震分三个层面去论述,并得出"克己复礼"绝对不能解释成"胜私欲"的结论。首先,戴氏以为传统的儒家只有"无私"说,而绝无强调"无欲"之说。所谓的"无欲"纯粹是老庄佛氏的用语,老庄释氏讲无欲不讲无私,如老子常言"常使民无知无欲"。因此,戴氏据此认为朱子以身之私欲解"己"这一思路陷入佛老范畴。其次,戴氏认为颜子绝非"坏于人欲"之徒,且以颜子之贤德,孔子亦必然不会以"胜私欲"教之。最后,戴震认为由下一句"为仁由己"所展现出的积极指向性,亦不能得出前后两"己"不同义的结论,因此,戴震以为"克己"与"为仁由己"的前后两"己"字都与"私欲"无关。"克己复礼"亦绝非针对"欲"的克制来讲,而是针对阻隔人己联系的"私"去立论。戴震这种"一人之欲,天下人之同欲"②的看法,对后来的阮元和凌廷堪都有深刻影响,阮元曾讲:"欲生于情在性之内,不能言性内无欲,欲不是善恶之源。天既生人以血气心知,则不能无欲。"③显然是接着戴震"血气心知"说去讲。

此外,戴震亦明确指出,仅《集注》中得见朱熹以"私欲"解"己",在别处并不得见。可见,此处戴震批判宋儒的着眼点始终放在"私欲"上,他一再强调

---

① 戴震:《戴震全书》第6册,张岱年主编,黄山书社1995年版,第214页。
② 戴震:《戴震全书》第1册,张岱年主编,黄山书社1991年版,第152页。
③ 阮元:《揅经室集》,台湾商务印书馆1967年版,第125页。

宋儒对于"欲"与"私"的误读,并以"血气之自然"来讲人欲,把人欲看作合乎情理、顺应理义的。在戴震那里,饮食男女,人之大欲,人欲是血气之自然,因此亦是理义之必然,若如同理学所讲去灭人欲,则生命何以能够再延续?表面看,戴震对于宋儒"理欲"说提出了严重挑战,而实际上,宋儒所讲的"人欲"其实亦包含两个层面,血气自然之欲与私欲,戴震对于宋儒的误解就在于他以为宋儒想要克去这两方面的欲。对于"克己复礼"具体的内涵,戴震则在否定"私欲"说的基础上,进一步指出:

> 克己复礼之为仁,以"己"对"天下"言也。礼者,至当不易之则,故曰,"动容周旋中礼,盛德之至也。"凡意见少偏,德性未纯,皆己与天下阻隔之端;能克己以还其至当不易之则,斯不隔于天下,故曰,"一日克己复礼,天下归仁焉"。然又非取决于天下乃断之为仁也,断之为仁,实取决于己,不取决于人,故曰,"为仁由己,而由人乎哉"。自非圣人,未易语于意见不偏,德性纯粹;至意见不偏,德性纯粹,动皆中礼矣。就一身举之,有视,有听,有言,有动,四者勿使爽失于礼,与"动容周旋中礼",分安、勉而已。圣人之言,无非使人求其至当以见之行;求其至当,即先务于知也。①

戴震解"礼"为"至当不易之则",据前文所述,"礼"是天地之条理。戴震此说与朱熹"天理之节文"相对。戴震晚年在《与某书》中提出"酷吏以法杀人,后儒以理杀人"这一著名论断,批判宋儒以"心之意见"讲理,认为理为事物之条理、分理,是从自然意义上去谈礼。戴震认为"复礼"的工夫即是回复到有条理有规则的状态,而非宋儒所讲的反归天理。这一工夫是极难做到的,唯有圣人之德性纯粹,才能做到动静皆中礼,视听言动四方面于礼都无所爽失。而孔子强调"克己复礼"的目的就在于督促人"求其至当",克己的目的就在于复归至"至当不易"之礼则中去,如此才能与天下一体无隔。

---

① 戴震:《戴震全书》第6册,张岱年主编,黄山书社1995年版,第214—215页。

## 三、去私达欲,明辨笃行——戴震"克己复礼"诠释之用

戴震认为"求其至当"的工夫中首要的就是"重知",其多次强调"克己复礼"要建立在"重知"的基础上,他说:"凡去私不求去蔽,重行不先重知,非圣学也。孟子曰:'执中无权,犹执一也。'权,所以别轻重;谓心之明,至于辨察事情而准,故曰'权',学至是,一以贯之矣,意见之偏除矣。"①戴震此种解经理路,也直接导致其在工夫论层面与宋儒截然对立。简言之,在工夫论层面,戴震认为要做无私的工夫,在去私与达情遂欲的工夫实践中体贴圣人之道,做到行为无偏私,动静皆中礼。

戴震在"私""欲"两分,以理为条理,批判宋儒的理论基础上,进一步肯定情欲,提出去私达欲,明辨笃行的工夫实践理论,他说:

> 人之患,有私有蔽;私出于情欲,蔽出于心知。无私,仁也;不蔽,智也;非绝情欲以为仁,去心知以为智也。是故圣贤之道,无私而非无欲;老、庄、释氏,无欲而非无私;彼以无欲成其自私者也;此以无私通天下之情,遂天下之欲者也。凡异说皆主于无欲,不求无蔽;重行,不先重知。人见其笃行也,无欲也,故莫不尊信之。圣贤之学,由博学、审问、慎思、明辨而后笃行,则行者,行其人伦日用之不蔽者也,非如彼之舍人伦日用,以无欲为能笃行也。人伦日用,圣人以通天下之情,遂天下之欲,权之而分理不爽,是谓理。宋儒乃曰"人欲所蔽",故不出于欲,则自信无蔽。②

戴震工夫论建立在他对"私"与"欲"的具体分别和对情欲的肯定上。在戴震那里,欲是人之自然,"一人之欲,天下人之同欲。"③圣贤之道,在于"无私而非无欲",因此求仁即是去私的过程,戴震所讲的"去私"是在对情欲的肯

---

① 戴震:《戴震全书》第6册,张岱年主编,黄山书社1995年版,第214—215页。
② 戴震:《孟子字义疏证》,何文光整理,中华书局1982年版,第53—54页。
③ 戴震:《戴震全书》第1册,张岱年主编,黄山书社1995年版,第152页。

定基础上讲,既异于老庄无欲的工夫,亦有别于宋儒的舍人伦日用的去欲说。"去私"是在人伦日用的基础上、通达天下之情的基础上的顺遂情欲。他在《原善》中对于"私"有详细的定义,他说:"私也者,生于其心为溺,发于政为党,成于行为慝,见于事为悖,为欺,其究为私己。"①"私"才是使人心陷溺的罪魁祸首,而非情欲。戴震经常强调要做去私、解蔽的工夫,他说"人之不尽其才,患二:曰私,曰蔽。"②"私"和"蔽"是影响人不能发挥自己才性的两大因素,"私"让人内心陷溺,蔽于事,谬于行,因此戴震强调要做去私、去蔽的工夫,他说:"去私,莫如强恕;解蔽,莫如学。"③戴震认为求仁根本在于去私、解蔽,而这一工夫要通过"博学约己"与"明辨笃行"的工夫去达到,宋儒一味压抑克制情欲不仅不能解决问题,而且会适得其反。

据前文所述,戴震"以理为条理"说是对宋儒"天理"说的批判,取消了宋儒天理说之超越意涵,从戴震关于"复礼"的论述看,戴震对朱熹的诸多误解亦渐渐显露。戴震判定朱子近佛道,然而他忽略了朱熹本身对佛老亦是持批判态度的,且朱熹讲"复礼"之工夫亦是针对佛老工夫流于玄虚所讲。比如,朱子曾讲:"只说理,却空去了。这个礼,是那天理节文,教人有准则处。佛老只为元无这礼,克来克去,空了。"④朱熹把"礼"看作天理之节文,教化之准则,是从道德本体层面去讲"礼",强调"礼"的道德意涵,这一点是区分他与佛老的根本依据,朱子所讲之"礼"是有本根、有道德根据支撑的。而戴震完全忽略了朱子讲"礼"的道德意涵,以至于进一步认为朱熹"去欲存理"流于佛老。

同时,戴震打着批判宋儒天理人欲说的旗号,实则对于宋儒特别是朱熹的理欲观有很深的误解。戴震不能理解朱子所要克去的并不是广泛意义上的"欲"。包括喜怒哀乐在内的"中节之欲"是人所必需的,连圣人都尚存喜怒哀乐,只不过圣人能够做到"发而皆中节"。朱子所要克去的是"太过"与"不

---

① 戴震:《戴震全书》第6册,张岱年主编,黄山书社1995年版,第346—347页。
② 同上。
③ 同上。
④ 朱熹著,黎靖德编:《朱子语类》,中华书局1986年版,第1048页。

及"的欲,此二者都不是中节之欲,这才是朱子所否定和要克去的。也就是说,朱子所讲之"克"有其范围,限定在"不中节"的身之私欲,而非包括道德意义上的"己欲"的全部。

综上,经由戴震礼学观,去看戴氏"克己复礼"诠释,以及戴震试图瓦解宋儒所建立的解经原则的理论尝试。戴震以考据学为筌蹄,以复归传统儒家经典为旨归,展开对宋儒经典诠释的批判。张崑将教授曾经撰文指出:"由于戴震不能真理解朱子'私''欲'的内涵以及'复礼'之真切用意,先天认为朱子'私欲''天理'等概念是转之于佛老思想,以至于在理解宋儒义理之时,无法进一步分析宋儒与佛老分别的关键差异。"①此说诚然,情欲的价值在戴震那里得到充分的肯定,这是对宋学"理欲观"的背离和扭转。戴震所强调的顺应自然欲求,在达情遂欲中追求道德的圆满和实现,把情欲化为德性修为的一大助力,是对于宋明天理与人欲的检省,也是调和天理与人欲之冲突的尝试,在戴震那里,顾全情欲才能彰显天理。虽然戴震对于宋儒所讲的礼、理欲观存在诸多学理上的误读,然其能正视情欲,跳出宋儒天理、人欲二分视野的禁锢,肯定德性的追求应在"欲"的肯定基础之上,在当代开启了新的学术视野。

## 第三节 凌廷堪"克己复礼"解

清儒对传统儒学"仁""礼"关系的思考,主流意见是认为"礼"为首出,具有优先性,批判宋儒特别是朱熹用"心之德""爱之理"来解释"仁",主张通过"复礼"来"复性",通过"礼"使得人人生而具有的"仁"之本性在日用生活中得到落实。18世纪的凌廷堪精于礼学,其所著《校礼堂文集》内有于嘉庆七年(1802)所作的《复礼》三篇、《论语礼后说》等,以发明其礼学思想,阮元对此文评价甚高,称此文"其尤卓然可传者,则有《复礼》三篇,唐末以来儒者所未有

---

① 张崑将:《朱子对〈论语·颜渊〉"克己复礼"章的诠释及其争议》,《台大历史学报》2001年第27期,第113页。

也"①。钱大昕(1728—1804)亦在给凌廷堪的回信中以"尊制一出,学者得指南车矣"②赞誉凌氏礼学思想。

从礼学发展角度看,清代礼学复兴,礼学家辈出,发展至凌廷堪,礼论已日趋严密。凌廷堪虽与戴震一样,同为乾嘉时期学者,却更专于礼学。凌氏所著《礼经释例》一书,既以考据求义理,又会通《仪礼》,统贯古今诸家,有诸多新的创发,可谓以礼学为中心建立起与前儒迥异的解经体系。江藩(1761—1831)曾赞曰:"次仲学贵天人,博综丘索。继本朝大儒顾、胡之后,集惠戴之成,精于三礼,专治十七篇……岂非一代之礼宗乎!"③从"一代礼宗"这一评价可以看出凌氏的学术特色和学术贡献。

在义理方面,凌氏从礼之本质出发,强调以"礼"代"理",用实用之礼代替流于玄虚的"理";并在此基础上,提出以礼治外,以乐合内的政治主张。对于"礼"的凸显,可谓清代朴学的一个显著特色。基于此,下文试图以"礼学"为切入点,探讨凌廷堪礼学核心思想,在力求呈现凌氏礼学完整体系的基础上,去看他对于"克己复礼"的诠释。通过分析清代礼学特色,去反思礼学实用价值,并反思汉宋之争这一思潮。

## 一、"圣人之道,一礼而已"——凌廷堪"克己复礼"诠释之基

乾嘉汉学乃至清代汉学,以崇尚实证为特色,而凌廷堪正是这一时期典型的礼学家。凌廷堪"礼学"思想的特点是在戴震学说的基础上展开而更为推进。如果说戴震还在"理学"的范围内,凌廷堪则更为彻底,突破了理学的藩篱,建立起自己的"礼学"传统。钱穆先生在《中国近三百年学术史》中使用了"以礼代理"一词来说明戴震、凌廷堪、阮元等学者的学术主张。他说:"以礼代理,尤为戴氏以后学者所乐道。如凌廷堪、焦循、阮元其著者也。"④张寿安教授也将凌氏的主张概括为"以礼代理",并认为"转化了理学家论道德偏

---

① 凌廷堪:《校礼堂文集》,中华书局1998年版,第4页。
② 凌廷堪:《凌廷堪全集》第4册,黄山书社2009年版,第209页。
③ 江藩:《校礼堂文集序》,载《礼经释例》,中华书局1998年版,第158页。
④ 钱穆:《中国近三百年学术史》,台湾商务印书馆1996年版,第255页。

重内在心性体悟之途,而使之直接切入实际人伦日用之践履。"①

凌廷堪早年"私淑"戴震,并对戴震高度赞誉,称"理义固先生晚年极精之诣,非造其境者,亦无由知其是非也,其书具在,俟后人之定论云尔。"②而及至晚年其思想趋于成熟之后,则一反之前赞誉之态度,对程朱理学以及戴震俱持严厉批判之态度。他说:"吾郡戴氏著书专斥洛闽,而开卷仍先辨理字,又借体用二字论小学。犹若明若昧,陷于井攫而不能出也。其余学人,但沾沾于汉学宋学之分,甚至有云:名物则汉学胜、理义则宋学胜者,宁识宋学之理义乃禅学乎?"③

可见,凌廷堪认为戴震对待理学的态度不够明确,这种似是而非的态度更易混淆视听。在凌廷堪看来,戴氏虽对洛闽之学加以批判,然仍深陷理学泥潭,辨理字、谈体用,仍属理学范畴,而未跳脱出来。与此同时,凌廷堪亦痛斥当代学人拘泥于讲汉学宋学之区别,而对于宋学理义源于禅学之实质无法辨识。凌氏比戴震更为激进,他甚至将"格物致知"之"物"解释为仪节、礼制④,在此基础上将一切儒学的核心思想之本都归结于"礼",这种崇"礼"思想对后世礼学家影响非常大,后期的焦循、阮元等皆在凌廷堪的基础上延续其说,引发了"理""礼"之辨,汉宋之争,使得汉宋学术的对立空前紧张。

凌廷堪礼学思想一出,在学界随即产生广泛影响,一时间学界以"理"为禁,皆以行礼践礼为道德实践方式。他基本延续了戴震批判理学存理去欲的工夫路线,毫无保留地否定理学,在《复礼下》中,他直言:"圣学,礼也,不云礼也,其为道正相反,何近而乱真之有哉!"⑤在凌廷堪看来,道德修养工夫,不必像宋儒一样,于义理上苦苦追求,而应该侧重于以外在礼制,去代替内在的心性修持。甚至强调通过礼去会通天道人道,以礼仪为中心,加强心性修养。

---

① 张寿安:《以礼代理——凌廷堪与清中叶儒学思想之转变》,河北教育出版社2001年版,第168—169页。
② 凌廷堪:《校礼堂文集》,中华书局1998年版,第317页。
③ 同上书,第143—144页。
④ 同上书,第220—221页。
⑤ 同上书,第32页。

与此同时,凌廷堪亦格外强调礼的修身意义,他说:"修身为本者,礼而已矣。盖修身为天下之本,而礼又为修身之本也。"①凌氏认为只要久习礼制,道德仁义自然会显现,单纯地空言敬之理则不能达到这一效果。所有的伦理规范都归为一礼,只要于视听言动等方面都做到合乎礼节规矩,都能做到以礼为依归,那么天下自然尽归仁道。因此,凌廷堪高扬"以礼代理",强调笃行实践,恭敬习礼,从而矫正宋儒以虚理为实的弊端。

凌廷堪高度重视"礼",他甚至认为"圣人之言,本乎礼而言",圣人讲道传道,就是依礼去讲的,他说:"圣人之言,浅求之,其义显然,此所以无过不及,为万世不易之经也。深求之,流入幽深微眇,则为贤知之过,以争胜于异端而已矣。何也?圣人之道,本乎礼而言者也,实有所见也;异端之道,外乎礼而言者也,空无所依也。"②凌廷堪认为圣人语言深入浅出,应从表面意义去理解圣人之言,一旦深求,则容易流入幽深玄妙。凌氏认为圣人本乎礼传其道,因此要从礼着手去把握,外乎礼则会无所依归。不仅如此,凌氏对于"礼"的推崇备至,甚至将圣人之道归于一个"礼"字,他说:"夫人之所受于天者,性也。性之所固有者,善也。所以复其善者,学也。所以贵其学者,礼也。是故圣人之道,一礼而已。"③在凌氏那里,善为性之本有,只有学礼复礼、按照礼去行事,才能够合乎天道、不逾矩,圣人之所以强调父子君臣有亲有义等五伦,亦是由人之天性而来。因此,凌廷堪认为圣人之道,一言以蔽之,就是"礼"而已。

"圣人之道,一礼而已","礼之外,别无所谓学也",凌氏把"礼"看作孔学的根本。一方面,主张"性"是人生而固有之本质,"情"是后天由"性"而生者,而"礼"则是所以复性节情者。另一方面,主张"礼"是百姓日用而不知的"复性"基础,"盖至天下无一人不囿于礼,无一事不依于礼,循循焉,日以复其性于礼而不自知也"。④

凌廷堪在《复礼上》中还阐明了,"礼"有修身化性的功能,圣人之道亦应

---

① 凌廷堪:《校礼堂文集》,中华书局1998年版,第30页。
② 同上书,第32页。
③ 同上书,第27页。
④ 同上书,第28页。

第六章 清代"克己复礼"诠释及其特色

该由此着手,他说:

> 良材之在山也,非轮人之规矩不能为毂焉,非辀人之绳墨不能辕焉。礼之于性也,亦犹是而已矣。如曰舍礼而可以复性也,是金之为削为量,不必待熔铸模范也。……圣人之道,则舍礼奚由哉![①]

凌廷堪认为,斋明盛服等礼制一定要按照礼去做,才能成就其修身功能,正如良材之于规矩一般,若不依照规矩便无法成其为毂轮。同理,凌廷堪认为"礼"之于"性"的意义亦如此,人性只有通过礼,才能成其善性,离礼则无法致之。因此,凌廷堪强调要按照礼,去做循序渐进、内外兼修的工夫,在诚意践行之中去实现复性的目的。

礼制可以为百姓日用伦常提供具体的章法,使百姓有据可循,凌廷堪正是看到这一点,亦格外强调缘礼求道,他说:"道无迹也,必缘礼而著见,而制礼者以之;德无象也,必藉礼为依归,而行礼者以之。"[②]道无影无踪,无法把捉,而宋代理学家动辄以理事并称,体用并举,追求虚玄的天理,凌氏认为此并不能为百姓提供具体的依循,更不能为天下治理提供效法。

综上,可以看出,凌氏重礼思想,看重实际;不重形上义理,更重人伦日用。在反复强调"礼"的过程中,凌廷堪将理学以来确立的重心性修持拉回形下的外在礼制,将抽象的天理,扭转为日常的道德礼仪实践,以"礼"为依归,在日用常行中去涵养修持,把"礼"看作社会、政治、伦理等层面的经验世界秩序的最高典范,开出以礼代理、制礼节性、学礼复性的诠释理路。否定理学天理心性之体悟工夫,转向身体力行的道德实践。这在他的"克己复礼"诠释中亦有鲜明的显现。

## 二、"舍礼不能复性"——凌廷堪"克己复礼"诠释之体

凌廷堪晚年对宋儒注解的"四书"极为关注,对于其中诸多论题都加以重

---

① 凌廷堪:《校礼堂文集》,中华书局1998年版,第28页。
② 同上书,第30页。

新解释,在礼学的视野下,凌氏对"克己复礼"一章做出了新的诠释。他在给阮元的回信中说:

> 前在甬上闻阁下谈及《论语》"克己"之己字,不当作私欲解,当时即深以为然……人己对称,正是郑氏相人偶之说。若如《集注》所云,岂可曰为仁由私欲乎?再以《论语》全书而论,如"不患人之不己知""夫仁者,己欲立而立人,己欲达而达人""己所不欲勿施于人""古之学者为己,今之学者为人""修己以安人""君子求诸己,小人求诸人",皆人己对称。……若作私欲解,则举不可通矣。①

"克己复礼"诠释是凌廷堪和阮元共同关注且讨论过的问题。对此,廷堪和阮元的一个共识是克己之"己"不作"私欲"解。廷堪承继郑玄思想,认为"人"是"相人偶",是从人际关系层面去讲。"相人偶"就是"仁"的展现,"仁"为"礼"的内容,"礼"为"仁"的外在展现。进而,凌廷堪根据《论语》全书中所涉及的人我关系论述,认为如果作"私欲"解,则"己欲立而立人,己欲达而达人""修己安人"等思想无法讲通。凌廷堪的挚友阮元亦与凌廷堪达成共识,认为"克己复礼"并非理学存理去欲的心上工夫,而是践礼行礼的伦理实践工夫。视听言动皆能中礼,就是天理之正的表现,因此,阮元才讲:"视、听、言、动,专就己身而言。若克己而能非礼勿视、勿听、勿言、勿动,断无不爱人,断无与人不相人偶者,人必与己并为仁矣。"②因此,此二人皆主张,成就仁德的工夫,必自"复礼"入手,如能做到返归作为天则之正的礼,就是克己复礼的完成,亦是"仁"的显现。

钱穆在《中国近三百年学术史》中讲:"东原之深斥宋儒以言理者,次仲乃易之以言礼。同时学者里堂、芸台以下,皆承其说,一若以礼、理之别,为汉、宋之鸿沟焉……再传次仲,则分树礼、理,为汉宋门户焉。至曰格物即格体之

---

① 凌廷堪:《校礼堂文集》,中华书局1998年版,第234—235页。
② 阮元:《揅经室集》,中华书局1993年版,第181页。

器数仪节,是宋儒以格物穷理者,次仲以格物为考礼。"①凌氏诠释"克己复礼"这一命题,主要是围绕"礼"这一概念,强调从三百、三千之礼出发,做复归于礼的工夫,当能够把握所有的礼节习行,且中规中矩、不失分寸,便是仁了。仁的德性,必须要通过外在的礼制规范才能透显出来。

凌廷堪的礼学思想重视礼制规范,同时亦肯定人之正常情欲,强调礼的养民教民作用,是对理学截然两分的理欲关系的拨乱反正。凌氏肯定正常情欲乃人性不可或缺的一部分,认同欲望存在的合理性,同时亦认为欲亦要适度节制,并加以引导,而引导所要凭借的就是礼,以礼去引导、节制,才是最有效的方法,于具体的礼节制度实践中,以礼制内,复礼成仁。

对于"克己"之"己"字,凌廷堪延续戴震批判宋儒以私欲解己的路数,他试图证明《论语》里并没有直接把"己"当私欲去讲。他说:"克己即修身也,故'修己以敬'、'修己以安人'、'修己以安百姓',直云修,不云克也。《中庸》云,'非礼不动,所以修身也'动实兼视听言三者,与下文答颜渊'请问其目'正相合,词意尤明显也。"②又如,他在《诗集·学古诗二十首》中奋笔疾呼:"民受天地中,不能无偏颇,圣人知其然,制礼以节之。……复礼圣所训,约礼贤所希……舍礼而谈理,语录空废辞。"③诗中凌氏对于理学空疏谈礼的批判,以及"习礼复性"的工夫取向可以说是显而易见。

而对于"复礼"一词的解释,凌廷堪讲:"其所以不违者,复其性也,其所以复性者,复于礼也。"④与"克己"相比,廷堪更重"复礼"的工夫,强调要在视听言动等方面,在周旋动容之间都按照礼仪规范去做,此是成圣成德的重要工夫。

### 三、"习礼复性"——凌廷堪"克己复礼"诠释之用

相对而言,宋儒更看重内在工夫,而凌廷堪则认为成就内在仁德必须从

---

① 钱穆:《中国近三百年学术史》,台湾商务印书馆1996年版,第547页。
② 凌廷堪:《校礼堂文集》,中华书局1998年版,第235页。
③ 凌廷堪:《凌廷堪全集》第4册,黄山书社2009年版,第62页。
④ 凌廷堪:《校礼堂文集》,中华书局1998年版,第32页。

"外礼"着手,仁德的呈现亦完全依赖"复礼"的工夫践履。践礼能够转化为道德层面的修身之用,他说:"《中庸》云'非礼不动',所以修身也。动实兼视、听、言三者。"①在凌氏那里,视听言动皆应遵守礼的导引,合于礼则做,不合礼者勿做。如果人人都能依照礼仪,使自己的行为复归于礼,那么天下就可以归于仁德了。

凌廷堪把"礼"看作外在的礼仪制度,礼仪虽有修身意,但凌廷堪仍是从制度层面言"礼",而非道德意义层面讲"礼",其工夫实践亦是指向外在的仪文节度,而非礼本身的道德意义。因此,在这种礼学的视域之下,凌氏在工夫论层面极其看重外在,走缘外制内的工夫路线,因此,宋儒的心性工夫实践在凌廷堪那里被完全忽略,他的"克己复礼"诠释,完全落到"复礼"的工夫实践上了。凌廷堪在《诗集》中有言:"仁义礼之质,复性贵践履"。② 可见,凌氏认为只要在日用常行中落实和践行礼,就是克己工夫的落实了,就可以实现"习礼复性"的工夫修养目标。

由上可以看出凌廷堪以"礼"为中心建立的礼学思想,他对宋儒理学思想的批判和转化,以及在工夫论层面由格物向考礼的一大转变。在他那里,形上内求的工夫被完全忽略,完全依赖外在的礼制去完成仁德的目标,"仁"完全落在外在的礼仪实践中。

凌氏"礼"论正视自然之欲,肯定礼顺人情这一功能,反对程朱理学悖情去欲。凌氏以礼代理的礼学是在反思传统儒学思想、批判理学命题的基础上提出的,是对宋明理欲观的重新反思。在"克己复礼"解释上,凌廷堪立足《论语》文本,首先否定"己"字有"私欲"解释,进而在批判理学理欲观的基础上,强调以礼代理,开出于日用常行中行礼践礼、以礼约身、以礼复性、以礼求道的工夫进路。

凌廷堪强调"礼"虽有矫枉过正之嫌,然我们亦不能否认凌廷堪在批宋儒以"理"言"仁"的贡献。他说:"夫仁根于性,而视听言动则生于情者也,圣人不求诸理而求诸礼,盖求诸理必至于师心,求诸礼始可以复性也。"③又如,黄

---

① 凌廷堪:《校礼堂文集》,中华书局1998年版,第344页。
② 同上书,第149页。
③ 同上书,第31—32页。

俊杰教授在评价凌廷堪的"礼"学时认为:"凌廷堪的'礼'学论述似完全无视于人之所以为人之'精神性',完全将'人'视为作为社会规范之'礼'所制约的存在,而且停滞在'礼'上,似与孔学精神不相契。"① 诚然,凌廷堪"礼"论与美国哲学家芬格莱特在某种程度上相似,二者都有将礼高度外在化和绝对化的倾向。正如黄俊杰所讲:"凌廷堪及美国哲学家芬加瑞②之说都在不同程度之中流于'即存在论本质',将孔子'仁'学转化为一种社会学与伦理学,使孔学中人之'自我'仅成为'关系我'(relational self),而使孔子'仁'学之'精神性'面向为之晦而不彰。"③

清代的"汉宋之争"学术活动中,凌廷堪"礼学"思想则成为方东树(1772—1851)批驳的重点对象,认为凌氏等人以礼为教,在"注疏名物制度之际,益失其本","圣贤之言,经典之教,尽失其实"。④ 过度高扬礼学,贬低宋学,去圣人之意甚远。又如,钱穆也曾批评凌廷堪,认为他一味于仁外求义,义外求礼,忽略本心之仁,导致义理流于考据。⑤ 实际上,汉宋之争的根本,在于双方都坚持其中一方具有绝对优先性,二者要么是依照"克己"的优先性,而取消掉"礼"的约束性;要么就是依照"礼"的神圣性和绝对性,取消掉"克己"在工夫论层面的道德自主性意涵。而解决问题的关键,在于超越汉宋之争各执其一的片面理解,寻求一个辩证统一的诠释方式,从两个层面去彰显儒家"仁"学作为个体道德实践的主体性根据及其丰富意涵。承上,笔者认为,凌氏礼学思想,毫无疑问地推动了乾嘉时期弃仁言礼的学术趋势,其学礼复性、学礼求道等思想亦表明清代学术考证与义理相结合的趋向,因此,我们要肯定其在高扬礼学方面的贡献。与此同时,也不能忽视他因过于囿于礼学思想,有落入一家之言之嫌。

鉴于晚明学术空疏之流弊,清初学者倡经世致用,崇尚朴学,信古求是,

---

① 黄俊杰:《东亚儒家仁学史论》,台湾台大出版社2017年版,第161页。
② 即芬格莱特。——编者注
③ 黄俊杰:《东亚儒家仁学史论》,台湾台大出版社2017年版,第109页。
④ 方东树:《汉学商兑》,上海古籍出版社2018年版,第69页。
⑤ 参见钱穆:《中国近三百年学术史》,台湾商务印书馆1996年版,第546页。

躬行实践,推动礼学的革新与复兴。乾嘉以降,清儒考据愈发严密,礼学发展亦日渐繁盛。经由戴震,发展至凌廷堪,治礼日臻成熟并呈现出辨析总结的趋势。

　　清代学者对"礼"的高扬,亦反映出对礼学"克己复礼"诠解的批判解读和省思。不难发现,古往今来的学者们皆不能满足于朱熹对经典的诠释方法。他们对朱熹的批判不仅体现了他们对于作为正统的朱子学的挑战和批判,也反映了经典诠释本身所蕴含的张力。此外,关注侧重点的不同,导致工夫对象和工夫实践的不同。如宋明更多从心性层面去关注"己"的不同内涵,而汉代学术与清代考据学则更多关注"礼",工夫实践则落到"礼"上。明末的阳明后学大都从阳明心学立场去批判朱子以"私欲"解释"己"的"克己复礼"诠解路径,主张"心"无不善,只要通过"复以自知",返归到最初澄明的心,就可以复见天地之心。这些都展现了儒者们的学术追求和社会关切。清代以训诂为诠解方法,在考据基础上探求义理的学术路径,展现出清儒力求客观、实证的治学态度和尊孔复古、回归原典的学术追求。此与汉学重师承、重训诂的特色遥相呼应,也在一定程度上推动了汉学的复兴。

# 第七章
# "克己复礼"诠释的当代价值

## 第一节 "礼学"作为一种道德之学

儒学的发展复杂而多面,透过《论语》"克己复礼"这一命题去看,儒家在先秦、汉唐、魏晋、宋、明清等都表现出不同的理论形态,也展现了中国哲学的发展脉络。对作为天地之心、万物之灵的人而言,"仁"是打通物我人际关系的内在道德基础,而"礼"则是与万物沟通和发生联系的桥梁。如果说孔子的仁学过于抽象,难以把捉,那么对于"礼"这一概念的研究使得孔子的仁学具体化,并与社会生活直接关联。

在当代社会,提到礼学,人们会肯定其学术价值和在社会治理层面的意义;同样,也有人认为礼制思想所展现出来的等级制度与当代主张平等的价值观有所冲突。芬格莱特就是把礼仪神圣化的典型代表,他说:"在礼仪活动中,所有的因素、关系以及行为尽管各有其特殊性,却都是具有神圣性的。"[1]他把孔子看成一个哲学人类学家,认为"礼"是孔子思想的根本,甚至称达到君子境界的人就是"一樽神圣的礼器"。[2] 笔者认为,芬格莱特的偏见在于,他没有意识到,孔子不是简单地主张退回周代礼俗的复古主义者,而是主张透过道德反思的批判、重构去丰富"礼"的精神意涵,并在此基础上建立合理有序的社会秩序。

---

[1] 赫伯特·芬格莱特:《孔子:即凡而圣》,彭国翔、张华译,江苏人民出版社2002年版,第78页。
[2] 同上。

又如，当代学者刘丰曾在《北宋礼学研究》一书中指出："本来，礼就是象征符号。礼的外在表现形式是各种繁复的舆服车马制度、进退揖让的仪式，研究礼，除了探讨礼的意义、归纳礼例，以画图的方法来研究这些具体的宫室、车马、器物、舆服等制度，是非常直观且有效的一种方法。"①可见，与孔孟相异，刘丰把礼的本质判定为"象征符号"、制度和仪式，在他的定义中未见对于礼的精神义的强调。这是典型的唯制度论，把礼看作一种纯粹的制度。不仅如此，他更把礼看作区分尊卑贵贱的标志，他说：

  礼的定亲疏、别贵贱的本质并没有因为礼的形而上化而改变，礼依然是区分尊卑贵贱等级的标志。……随意贬低礼学固然不可取，但是任意拔高、美化礼学，沉醉于钟鸣鼎食、诗书簪缨的礼学研究之中而有意无意淡化礼的本质，尤其在其礼学思想当中脱离文本语境和历史情境来抽象讲"礼之以和为贵"，可以回避礼与当代某些价值（如法治、正义等）之间的冲突，也不是历史的态度。②

由上可见，刘丰认为礼的本质在于定亲疏、别贵贱，即使礼学中有形而上的意涵，这一本质亦不会发生变化；他甚至认为礼学研究者不能脱离文本和历史语境去谈"礼"。认为应当从文本与历史语境讲礼，这是典型的以历史学的角度去谈礼，而非从哲学角度。笔者认为，当代的礼学研究，不应该仅仅局限于礼制研究对于历史观念的补充，亦应该突破这一藩篱，与当下社会、生活挂钩，反映、回应当代社会价值的冲突和变化。如果正确看待礼学的精神意义，就会发现，礼学思想与当代强调法治、正义的价值观并无本质冲突。正因为对礼的错误性认识，才会产生此种错误的理解。

  毫无疑问，"礼"是孔子学术中非常重要的概念，可以说是孔子学的起点，但是否是孔子的落脚点或者说着眼点则仍不一定。正如劳思光所讲："盖孔

---

① 刘丰：《北宋礼学研究》，中国社会科学出版社2016年版，第15页。
② 同上书，序言第8页。

子之学,特色正在于不停滞在'礼'观念上,而能步步升进。"①然而,古往今来,学界中对于"礼学"不可避免地存在诸多成见,近世逐渐有学者开始反思这一倾向,金景芳曾回应过这一现象,他说:

> 今人一提等级制度,无不奋力反对。其实,等级和阶级不是同一的概念。我们反对阶级是因为它有剥削,有压迫,等级则不然。等级是所有一切有组织的群体,所不能避免的。古时如《孟子·滕文公上》说:"物之不齐,物之情也,或相倍蓰,或相什百,或相千万,比而同之,是乱天下也。"《荀子·王制》说:"夫两贵之不能相事,两贱不能相使,是天数。势位齐而欲恶同,物不能赡则必,争则必乱,乱则穷矣。先王恶其乱也,故制礼义以分之,使有贫富贵贱之等,足以相监临者,是养天下之本也。"②

上文中,金景芳援引《孟子》与《荀子》来说明"礼"对于社会治理中的重要作用,并试图说明当今社会不必"谈礼色变",更不必刻意反对等级制度,等级制度是有组织的群体所不能避免的。

对于"礼"的不同理解,反映到"克己复礼"诠释中,就有不同的解释和面向,甚至亦可能是化解哲学家与历史学家学术争论的关键所在。因此,在今天我们也要给予礼学特别是"礼"的精神意义以充分的关注。

有部分学者能够从"仁""礼"关系层面,注意到"仁"之于"礼"的精神意义,然仅仅停留于此尚显不够。如,余英时曾讲:"若无'仁'的精神贯注其中,则一切所谓'礼'与'乐'都只剩下一些无生命、无意义的空洞形式,而作为传达工具的礼器和乐器更是与'礼''乐'本身毫不相干的东西了。"③尽管余氏看到了"仁""礼"的关联性,然他依然忽略了"礼"本身所具有的精神性,如此才会认为一旦脱离了"仁","礼"就沦为无生命、无意义的空洞形式,如果能够

---

① 劳思光:《新编中国哲学史(一)》,台湾三民书局1986年版,第111页。
② 金景芳:《谈礼》,载陈其泰、郭伟川、周少川编:《二十世纪中国礼学研究论集》,学苑出版社1998年版,第4页。
③ 余英时:《论天人之际:中国古代思想起源试探》,台湾联经出版社2014年版,第99页。

意识到"礼"本身就在精神性层面圆满具足,才算正确地看待"礼"。

如果认为儒家思想重在强调社会关系而忽视了主体自我意志的独立性,那么这种观点是单纯而未经深入思考的,这也与孔子所强调的"为仁由己"、孟子所讲的"居仁由义"相对立。从孔子对于"礼"的内在性与精神意义去看,就会发现,孔子意在恢复的并不是单纯的礼制,而是有内在根源的"礼",这个"礼"应该是内外统一的,是道德层面的"礼",而礼学作为一种道德之学,理应获得更多的重视和关注。本书通过探析先秦儒学、两汉经学、魏晋玄学、宋明理学乃至近、当代新儒家对于"克己复礼"的诠释与争论,亦是试图将这一命题隐含的礼学精神性发挥彰显出来。

## 第二节 仁学与礼学的内在统一性

杨儒宾讲:"'仁'概念的发展恰似一组英雄征战的伟大史诗。"[①]"仁"有多个面向,既是伦理主体,又是道德主体,且在发展的不同阶段,在实践层面上展现出不同的内涵。以往学者从不同的角度对于"仁""礼"关系进行分析,得出不同乃至对立的结论,然他们都不能否认"仁"与"礼"都是孔子思想中不可或缺的一部分,二者密切相关又有各自独立的含义。就训诂学上"礼"之早出,以及孔子提出仁学的时代背景来看,孔子"摄仁归礼",在一定层面上是对于"礼"之精神性的重新阐发。同时,就孔子哲学思想本身而言,其核心是"仁"而非"礼","仁"是孔子道德哲学的核心关注点。

经过前文的讨论,我们可以得出一个结论,孔子绝非单纯的礼制复古主义者,孔子强调"克己复礼为仁",亦绝非想要退回周代的习俗道德,而是致力于在道德反思与批判的基础上,去彰显"仁"的道德伦理,并试图构建新的、合理的、仁义兼具的礼制社会。孔子对"仁"的重新揭发也促进了"仁""礼"关系的调整。孔子"摄仁归礼",是对西周礼乐文明所蕴含的精神和价值的重新揭

---

[①] 杨儒宾:《"仁"与〈论语〉的东亚世界》,《台湾东亚文明研究学刊》2008年6月第5卷第1期,第255页。

櫱。孔子仁礼并举,不仅是仁学思想本身的突破,更是对"礼"的重新解释。"礼"不仅是外在的规范和制度,更是一种精神。我们也不能仅强调"礼"的精神性,还要从仁礼内在统一关系层面,去把握儒家思想的整体。"礼"本于"仁",同时亦需要"仁"的精神来反省"礼"的外在形式的适切性,即使时空更迭,只要我们紧紧把握住"仁"这一"一以贯之"的内在精神,无论外在的"礼"怎样因革损益,都万变不离其宗,而内在之"仁"作为精神支撑始终是无所损益的。

本书所述的几位儒者,或是强调"礼"在体情防乱层面的社会意义,或是于心体层面彰显"礼"的精神意义,或是强调仁者与天地万物为一体的精神境界,或是强调践礼修身的道德意涵,往往都是从"仁"与"礼"的一个侧面出发,而不能从整体层面上就"克己"与"复礼"的辩证关系完整地把握。反观古往今来儒者们旨趣各异的诠释,关于"克己复礼"的诠释本身,我们或可得出如下总结:"克己"与"复礼"各有两种说法,而在此基础上推出的"仁"亦有不同的含义。简言之,"克己"有"约束"与"修身"两种诠释向度;"复礼"亦有复"制度之礼"与"精神之礼"之区分,因而在不同的情境下,得到了四种不同的诠释结论。笔者粗略归纳如下:克己(修身)+复礼(制度)=为仁(境界);克己(修身)=复礼(精神)=为仁(境界);克己(约束)+复礼(制度)=为仁(境界);克己(约束)=复礼(精神)=为仁(境界)。对于"克己"的不同诠释会直接影响到对于儒家思想的整体认识。偏向"约束"义,则往往更强调"礼"的制度性和规范性;相反,如果意识到消极"约束"本身其实亦是积极的修身,二者并不对立,便能够正视儒家强调修身为仁的积极意义。此外,对于"礼"本身,亦有制度性和精神性两个方面,所强调的"复礼"是精神意义层面,那么"礼"本身就等同于"仁";如果是制度意义层面的,那么复归礼制的过程就是仁的完成过程。而在对"礼"的不同理解基础上,相应的工夫论着眼点亦有不同。把"礼"看作制度之礼,那么工夫的重点则在恢复礼制上;反之,则注重道德层面的涵养与修身。

然究极言之,对于生命、人生的体认,仍是第一序的问题,经典诠释则是在此基础上进行的,尽管诠释进路有诸多的不同,但"仁"是"礼"的价值根源所在这一点可以说是古往今来儒者们共同承认的。孔子仁学与礼学本是内在统一的，因此，我们不仅要赋予"礼"的精神性和内在性以足够的关注，更要从"仁"与"礼"内在统一的角度去看待孔子思想。不只如此，"仁"的实践意志如若是内在统一的，那么它所兼具的"克己"与"复礼"两个层面最终也应是内在统一的。

## 第三节　天下归仁——儒家伦理学的终极旨趣

古往今来的学者们，博古考今，从不同的人生体认中生发出旨趣各异的经典诠释进路，而最后都追求至善的最高目标。在儒家学者对于人道与天道笔耕不辍的诠释和探讨中，儒家文化精神亦不断得到延续、传承、转生，历经几千年文明的沉淀，在今天仍有其可适性。"仁"始终是儒家文化的核心概念，千百年来，甚至在整个东亚儒学史上，儒者志士们从不同的角度去诠释与再诠释，不断体贴"仁"、践行"仁"，都试图揭示孔子的真正用意，对于"仁"的探究，可以说始终是儒家思想发展日日新又日新的源头活水。

从仁学的发展过程来看，"仁"统摄诸德的地位是逐渐建立起来的，从孔子开始，将"爱亲"的本义发展成"爱人"，正式确立起"仁"作为儒家核心概念的地位，"仁"与儒家的孝道、"义""礼"紧密联系在一起，经由二程，再到朱熹才逐渐确立起"仁"统摄诸德的地位。自古以来，"万物一体"都是志士仁人的追寻，孔子的"里仁为美"（《论语·里仁》）、孟子的"万物皆备于我"（《孟子·尽心上》）、程颢的"仁者浑然与物同体"等，都展现了对于"仁"的追寻和向往。从先秦时期的"天人合一"，再到宋明时期的"万物一体"，儒家的"仁学"思想由隐而显、由微知著，都是发之于对圣人仁德、智慧的追求，经由反求诸己的内在体证和道德实践，层层转进、步步扩充，参天地之化育，最终突破人我二分，进至天人合一之境。

孔子讲"一日克己复礼，天下归仁"。在孔子那里，"仁"作为一种境界，其展现方式也是无限的，这也是孔子对不同的弟子问仁而回答各异的原因。徐复观讲:"仁的本身,他是'天下归仁'、'浑然与物同体'的精神境界。此境界之自身是无限的;由此境界所发出之要求,所应尽之责任,也是无限的。可以说,仁只有无限的展现,没有界限,因之也没有完成。以仁自居,即是有了限界,有了完成,仁便在这里隔断了。孔子的不许人以仁,不以仁自居,正是他对于仁的无限性的深切把握。"① 诚如徐氏所讲,一旦对"仁"有了真切的把握,便会有无限的展现,诸如孟子语"万物皆备于我"、程颢语"仁者与天地为一体",等等,都是真实生命的自然流注,在仁的"遍润万物"中,都一一皆实。

至仁境界呈现出来的就是圣贤气象,是"一箪食,一瓢饮,回也不改其乐"的孔颜乐处;是程颢"仁者与天地万物为一体"的圆融气象;是《二程遗书》中所描述的"仲尼,元气也。颜子,春生也。孟子,并秋杀尽见。……仲尼,天地也。颜子,和风庆云也。孟子,泰山岩岩之气象也"②。《论语·颜渊》中所讲的"一日克己复礼,天下归仁焉"等,描述的无不皆是仁心本体如如呈现,无内外之分的宏大气象。

在这种万物一体的至仁境界中,个人与他者的关系不再是西方学者萨特所讲的"地狱",也不是人己分离、对立的异在,而是一种一体诚然的"共在"状态。同时,从本质上讲,心之本体在根本上就是与万物一体,具有一体本源性。用牟宗三的话说就是超越的道德本心至大无外,他说:"从'闻见之狭'中解脱出来的超越的道德本心自然不能有外,这是它的普遍性、遍在性。这普遍性是由'体天下之物'或'视天下无一物非我'而规定,这就是仁心之无外。……'圣人尽性'即尽的这仁性,尽仁性即尽仁心。故云:'孟子谓尽心则知性知天,以此。''天大无外',性大无外,心亦大而无外。此无外之心即'天心'也。天无外、性无外,是客观地说,心无外是主观地说。而天与性之无外正因心之无外而得其真实义与具体义。此为主客观之统一或合一。孟子言'万物皆备于我'正是这仁心之无外。"③

---

① 徐复观:《中国人性论史先秦篇》,台湾商务印书馆1994年版,第98页。
② 程颐、程颢:《二程集》,王孝鱼点校,中华书局1981年版,第76页。
③ 牟宗三:《心体与性体(一)》,收录于《牟宗三先生全集》第5册,台湾联经出版社2003年版,第561页。

诚然,道德本心因其本身的超越特性,决定了其不能有"外"。道德本心可以"体天下之物""视天下无一物非我"。牟宗三认为这种主客观的统一正是孟子所讲的"万物皆备于我"。而此亦与《论语·颜渊》中所讲的"一日克己复礼,天下归仁焉"的境界不谋而合,都是在仁心的通彻透明、感通无隔中一一皆实的展现。"仁"不是外在的知识对象,不能做客观认知分解,此处的"仁"应该解释为"仁性""仁体",亦是一种超越的道德本体;完全在于"人皆可以为尧舜"的仁心自觉,如从生命之真诚恻怛处内在豁醒,方能体悟人与世间万物本是一体无隔、感通无碍,那么,天地万物便自然而然在吾之"仁体"中呈现,这也就是"克己复礼"的实现了。

这种圣贤气象或者说境界本身是求之在我,孟子延续孔子"我欲仁,斯仁至矣",进一步提出不能"求之在外也",而要反己内求,"求则得之,舍则失之,是求有益于得也,求在我者也。求之有道,得之有命,是求无益于得也,求在外者也。"(《孟子·尽心上》)天道性命本是一体无隔,人己物我亦本为一,都是在道德层面上揭示道德生命与宇宙万物的不可分割。反己内求是道德实践的手段,孔颜乐处是道德实践的目标。

孔子曾谦言"若圣与仁,则吾岂敢",同时又讲"我欲仁,斯仁至矣"。强调主体对于"仁"的主宰性,也肯定了"仁"的当下自足。孔子讲:"仁远乎哉？我欲仁,斯仁至矣！"(《论语·述而》)孔子所讲之"仁"绝非仅依靠外在礼制或者外部力量就可以获得的道德品格,它更是一种蕴藏在每个人内心的矿藏。体贴"仁"、持守"仁",最根本的还是要依靠个体的道德自觉。

"君子无终食之间违仁,造次必于是,颠沛必于是。"(《论语·里仁》)孔子所塑造的仁者理想也一直为儒者们所期冀。古往今来,志士儒者都以成为仁者为最高道德理想,而求仁的过程是不断探索、不断磨炼心性的循序渐进的过程,需要我们有为仁的决心与持之以恒的毅力。正如孔子所讲"譬如为山,未成一篑,止,吾止也;譬如平地,虽覆一篑,进,吾往也。"(《论语·子罕》)不论是功亏一篑的失败,还是坚持不懈的覆篑相继,最终都取决于自己。践仁亦是如此,始于自觉、终于自律,也唯有自觉的仁心,才是真正道德践履。儒家强调修齐治平与内圣外王,亦强调透过仁心的扩充,忠恕修己等工夫,去过自律的生活。此外,儒家主张在"不仕无义"的道德伦理境遇下,积极推动礼治国家的建立,经由"克己复礼为仁"这一命题让所有人都过上"有耻且格"的道德生活,使得孔子所向往的社会关系成为能够希冀的理想。

承上,儒家思想具体展现在"仁"与"礼"的道德修养与工夫层面,不同时期的儒者从不同角度进行斟酌损益,对"内在之仁"提出旨趣各异的见解,并在工夫论层面有着共同的道德指向,那就是蕲于至善的目标。历代儒者的共同努力,不仅使得儒家思想得到不断地更新和丰富,也推动了儒学不断向前发展。在当今着力于推动儒学现代化的今天,儒学以"仁""礼"为代表的核心价值必将在新时代焕发出新的活力,成为新时代中国现代道德文化体系建设乃至全球伦理道德体系建构的重要精神推动力量,而如若我们每个人都能自觉做克己复礼的工夫,则无往不是仁行,无往不是仁道。

# 参 考 文 献

## 一、古籍

［1］［周］左丘明撰,［晋］杜预注,［唐］孔颖达正义.春秋左传正义[M].北京：北京大学出版社,1999.

［2］［汉］郑玄注,［唐］孔颖达等正义,黄侃经文句读.礼记正义[M].上海：上海古籍出版社,1990.

［3］［魏］何晏注,［北宋］邢昺疏,《十三经注疏》整理委员会整理.论语注疏[M].北京：北京大学出版社,2000.

［4］［魏］何晏.论语集解[M].新北：艺文出版社,1966.

［5］［魏］何晏集解,［梁］皇侃义疏.论语集解义疏[M].上海：商务印书馆,1937.

［6］［晋］张湛注,［唐］卢重玄解,［唐］殷敬顺,［宋］陈景元释文,陈明校点.列子[M].上海：上海古籍出版社,2014.

［7］［梁］刘勰.文心雕龙[M].南京：凤凰出版社,2011.

［8］［梁］皇侃著,高尚榘整理.论语义疏[M].北京：中华书局,2013.

［9］［北宋］李杞.用易详解[M].四库全书本.

［10］［北宋］张载著,章锡琛点校.张子全书[M].北京：中华书局,1978.

［11］［北宋］刘敞.七经小传·论语[M].上海：上海古籍出版社,影印文渊阁四库全书,1987.

［12］［北宋］刘敞.公是集[M].北京：中华书局,1985.

［13］［北宋］苏辙.论语拾遗[M].北京：中华书局,1991.

[14] [北宋] 王安石.王文公文集[M].上海：上海人民出版社,1974.

[15] [北宋] 程颢,程颐著,王孝鱼点校.二程集[M].北京：中华书局,1981.

[16] [北宋] 张栻著,杨世文,王蓉贵校点.张栻全集[M].吉林：长春出版社,1999.

[17] [南宋] 胡宏.胡宏集[M].北京：中华书局,1987.

[18] [南宋] 朱熹.四书章句集注[M].北京：中华书局,1983.

[19] [南宋] 朱熹.四书或问[M].上海：上海古籍出版社,2001.

[20] [南宋] 朱熹.论语精义[M].台北：台湾商务印书馆,影印文渊阁四库全书,1983.

[21] [南宋] 陆九渊.陆九渊集[M].北京：中华书局,2008.

[22] [南宋] 杨简.慈湖遗书[M].扬州：广陵书社,2006.

[23] [南宋] 杨简著,董平校点.杨简全集[M].杭州：浙江大学出版社,2016.

[24] [南宋] 张栻.张栻集[M].长沙：岳麓书社,2010.

[25] [南宋] 李过.西溪易说[M].台北：台湾商务印书馆,1969.

[26] [南宋] 方闻一.大易粹言[M].四库全书本.

[27] [明] 王畿.王龙溪全集[M].台北：华文书局股份有限公司,1970.

[28] [明] 王阳明著,吴光等编校.王阳明全集[M].上海：上海古籍出版社,1992.

[29] [明] 王阳明撰,邓艾民注.传习录注疏[M].上海：上海古籍出版社,2012.

[30] [明] 王畿著,吴震编校整理.王畿集[M].南京：凤凰出版社,2007.

[31] [明] 邹守益著,董平编校.邹守益集[M].南京：凤凰出版社,2007.

[32] [明] 罗汝芳著,方祖猷,梁一群,李庆龙等编校整理.罗汝芳集[M].南京：凤凰出版社,2007.

[33] [明] 方以智.青原志略[M].北京：华夏出版社,2012.

[34] [明] 黄宗羲著,沈芝盈点校.明儒学案[M].北京：中华书局,2008.

[35] [清] 陈澧.东塾读书记[M].上海：上海古籍出版社,2012.

[36] [清]戴震撰,张岱年主编.戴震全书[M].合肥:黄山书社,1995.

[37] [清]王夫之撰,船山全书编委会编.船山全书[M].长沙:岳麓书社,2011.

[38] [清]毛奇龄.四书改错[M].//续修四库全书编委会编.续修四库全书:第165册.上海:上海古籍出版社,1995.

[39] [清]刘宝楠.论语正义[M].北京:中华书局,1990.

[40] [清]陈澧.东塾读书记[M].台北:台湾商务印书馆,1965.

[41] [清]程树德.论语集释[M].北京:中华书局,1990.

[42] [清]李道平.周易集解纂疏[M].北京:中华书局,1994.

[43] [清]焦循.孟子正义[M].石家庄:河北人民出版社,1988.

[44] [清]阮元.揅经室集[M].台北:台湾商务印书馆,精印四部丛刊正本,1967年;北京:中华书局,1993.

[45] [清]康有为著,姜义华,张荣华编校.康有为全集[M].北京:中国人民大学出版社,2007.

[46] [清]陈澧.东塾读书记[M].台北:台湾商务印书馆,1965.

## 二、著作

[1] 蔡尚思.孔子思想体系[M].上海:人民出版社,1982.

[2] 陈居渊.汉学更新运动研究——清代学术新论[M].南京:凤凰出版社,2013.

[3] 陈来.中国近世思想史研究[M].北京:商务印书馆,2003.

[4] 陈来.宋明理学[M].沈阳:辽宁教育出版社,1991.

[5] 陈来.朱子哲学研究[M].上海:华东师范大学出版社,2000.

[6] 陈来.儒学美德论[M].北京:生活·读书·新知三联书店,2019.

[7] 戴维.论语研究史[M].长沙:岳麓书社,2011.

[8] 邓克明.晚明四书说解研究[M].台北:里仁书局,2013.

[9] 杜维明.诠释《论语》"克己复礼"章方法的反思[M].台北:"中研院"文哲所,2015.

[10] 杜维明.儒家传统与文明对话[M].石家庄：河北人民出版社,2006.

[11] 杜维明.杜维明全集[M].武汉：武汉出版社,2002.

[12] [日]沟口雄三.中国前近代思想史的演变[M].林右崇译.台北：台湾编译馆,1994.

[13] [美]赫伯特·芬格莱特.孔子：即凡而圣[M].彭国翔,张华译.南京：江苏人民出版社,2002.

[14] 黄俊杰.东亚儒者的《四书》诠释[M].上海：华东师范大学出版社,2008.

[15] 黄俊杰.东亚儒家仁学史论[M].台北：台大出版中心,2017.

[16] 侯外庐主编.宋明理学史[M].北京：人民出版社,1997.

[17] 劳思光.新编中国哲学史[M].台北：三民书局,1981.

[18] 匡亚明.孔子评传[M].济南：齐鲁书社,1985.

[19] 李泽厚.论语今读[M].北京：生活·读书·新知三联书店,2008.

[20] 梁启超.清代学术概论[M].上海：上海世纪出版集团,2005.

[21] 林宏星.《荀子》精读[M].上海：复旦大学出版社,2011.

[22] 林庆彰主编.中国学术思想研究集刊：第13编第6册[M].台北：花木兰文化出版社,2012.

[23] 林月惠.诠释与工夫：宋明理学的超越蕲向与内在辩证[M].台北："中研院"文哲所,2008.

[24] 柳宏.清代《论语》诠释史论[M].北京：社会科学文献出版社,2008.

[25] 牟宗三.牟宗三先生全集[M].台北：联经出版事业股份有限公司,2003.

[26] 牟宗三.宋明儒学的问题与发展[M].上海：华东师范大学出版社,2004.

[27] 牟宗三.心体与性体[M].上海：上海古籍出版社,1999.

[28] 牟宗三.中国哲学十九讲[M].台北：学生书局,1983.

[29] 牟宗三.中国哲学的特质[M].台北：学生书局,1984.

[30] 彭国翔.儒家传统：宗教与人文主义之间[M].北京：北京大学出版社,

2010.

[31] 钱穆.朱子新学案[M].台北：三民书局，1989.

[32] 钱穆.朱子学提纲[M].北京：生活·读书·新知三联书店，2002.

[33] 钱穆.国学概论[M].北京：商务印书馆，1997.

[34] 宋刚.六朝论语学研究[M].北京：中华书局，2007.

[35] ［日］松川健二.宋明の論語[M].东京：汲古书院，2000.

[36] 谭家哲.论语平解（选编）[M].台北：漫游者文化，2012.

[37] 唐君毅.唐君毅全集[M].北京：九州出版社，2016.

[38] 唐明贵.论语学史[M].北京：中国社会科学出版社，2009.

[39] 汤用彤.魏晋玄学论稿[M].上海：上海人民出版社，2015.

[40] ［日］冈田武彦.王阳明与明末儒学[M].上海：上海古籍出版社，2000.

[41] 王先谦编著.皇清经解续编[M].台北：艺文印书馆，1964.

[42] 王恩来.人性的寻找——孔子思想研究[M].北京：中华书局，2005.

[43] 吴震.宋代新儒学的精神世界——以朱子学为中心[M].上海：华东师范大学出版社，2009.

[44] 吴震.《传习录》精读[M].上海：复旦大学出版社，2011.

[45] 吴震.泰州学派研究[M].北京：中国人民大学出版社，2009.

[46] 吴震.阳明后学研究[M].上海：上海人民出版社，2003.

[47] 吴震.罗汝芳评传[M].南京：南京大学出版社，2005.

[48] 向世陵主编."克己复礼为仁"研究与争鸣[M].北京：新星出版社，2018.

[49] 徐复观.中国思想史论集[M].上海：上海书店出版社，2004.

[50] 徐复观.中国思想史论集续编[M].上海：上海书店出版社，2004.

[51] 徐洪兴.思想的转型——理学发生过程研究[M].上海：上海人民出版社，1996.

[52] 徐洪兴.《孟子》精读[M].上海：复旦大学出版社，2010.

[53] 杨伯峻编著.春秋左传注[M].北京：中华书局，1981.

[54] 杨伯峻.论语译注[M].北京：中华书局，2006.

[55] 杨国荣.伦理与存在：道德哲学研究[M].桂林：广西师范大学出版社，2015.

[56] 杨树达.论语疏证[M].上海：上海古籍出版社，2006.

[57] 杨泽波.贡献与终结——牟宗三儒学思想研究[M].上海：上海人民出版社，2014.

[58] 杨泽波.《心体与性体》解读[M].上海：上海人民出版社，2016.

[59] 余英时.现代儒学论[M].上海：上海人民出版社，1998.

[60] 张德苏.从"礼崩乐坏"到"克己复礼"——周室衰乱与孔子救世的人性思索[M].济南：齐鲁书社，2008.

[61] 张岱年.中国哲学大纲[M].南京：江苏教育出版社，2005.

[62] 哲学研究编辑部编.孔子哲学讨论集[C].北京：中华书局，1962.

[63] 张崑将.日本德川时代古学派之王道政治论：以伊藤仁斋与荻生徂徕为中心[M].台北：台大出版中心，2004.

[64] 张崑将.德川日本"忠""孝"概念的形成与发展——以兵学与阳明学为中心[M].台北：台大出版中心，2004.

[65] 张卫红.邹守益年谱[M].北京：北京大学出版社，2013.

## 三、论文

[1] 白奚.援仁入礼、仁礼互动——对"克己复礼为仁"的再考察[J].中国哲学史，2008(1)：126-128.

[2] 蔡仁厚.论语中"仁"的涵义与实践[J].孔孟月刊，1977(11)：15-17.

[3] 陈碧强.杨慈湖对"克己复礼"的阐释及其理论意义[J].贵阳学院学报，2015(2)：16-21.

[4] 杜维明.仁与礼之间的创造性张力[J].东西方哲学，1968.

[5] 杜维明.从既惊讶又荣幸到迷惑而费解——写在敬答何炳棣教授之前[J].二十一世纪，1991(8)：148-150.

[6] 杜维明.建构精神性人文主义——从克己复礼为仁的现代解读出发[J].探索与争鸣，2014(2)：4-10.

[7] 黄俊杰.孔子"克己复礼为仁"说与东亚儒者的诠释[J].孔子研究,2017(2):4-29.

[8] 何炳棣."克己复礼"真诠——当代新儒家杜维明治学方法的初步检讨[J].二十一世纪,1991(8):139-147.

[9] 何炳棣.答刘述先教授——再论"克己复礼"的诠释[J].二十一世纪,1992(10):150-155.

[10] 何炳棣.原礼[J].二十一世纪,1992(11):102-110.

[11] 何炳棣.答孙国栋教授《"克己复礼为仁"争论平议》[J].二十一世纪,1992(13):129-133.

[12] 孔凡青.朱熹"克己复礼"之解辨正[J].牡丹江大学学报,2012(4):20-23.

[13] 劳干.劳干院士来函[J].中国文哲研究通讯,1991(3):171-177.

[14] 林月惠.阳明后学的"克己复礼"解及其工夫论之意涵[J].法鼓人文学报,2005(2):161-202.

[15] 林远泽.克己复礼为仁——论儒家实践理性类型学的后习俗责任伦理学重构[J].清华学报,2012(3):401-442.

[16] 刘欢.船山"克己复礼"义析及其时代关切[J].船山学刊,2016(6):8-14.

[17] 刘述先.从方法论的角度论何炳棣教授对"克己复礼"的解释[J].二十一世纪,1992(9):140-147.

[18] 刘述先.再谈"克己复礼真诠"——答何炳棣教授[J].二十一世纪,1992(11):148-150.

[19] 牟坚.朱子对"克己复礼"的诠释与辨析——论朱子对"以理易礼"说的批评[J].中国哲学史,2009(1):20-33.

[20] 孙国栋."克己复礼为仁"争论平议[J].二十一世纪,1992(12):139-142.

[21] 孙国栋.敬答何炳棣教授[J].二十一世纪,1993(17):138-140.

[22] 吴震.罗近溪的经典诠释及其思想史意义——就"克己复礼"的诠释而

谈[J].复旦学报,2006(5):72-79.

[23] 吴震.万物一体——阳明心学关于建构理想社会的一项理论表述[J].杭州师范大学学报,2010(1):13-21.

[24] 吴震.略论朱熹"敬论"[J].湖南大学学报.2011(1):11-17.

[25] 吴震.论朱子仁学思想[J].中山大学学报,2017(1):133-149.

[26] 吴震.论王阳明"一体之仁"的仁学思想[J].哲学研究,2017(1):61-67.

[27] 向世陵.克己复礼为仁——持续的争议与历史的教益[C].儒学的当代使命——纪念孔子诞辰2560周年国际学术研讨会论文集.2009:390-399.

[28] 向世陵.从程颐到朱熹、张栻的"休复下仁"解[J].社会科学家,2017(12):34-37.

[29] 熊燕军.百年误读还是千年争论——也谈"克己复礼"的释义及其他[J].孔子研究,2007(4):98-110.

[30] 方旭东.诠释过度与诠释不足:重审中国经典解释学的汉宋之争——以《论语》"颜渊问仁"章为例[J].哲学研究,2005(2):61-65.

[31] 詹向红."颜渊问仁"章试诠——从"仁—礼"与"人—己"关系看孔子"仁学"[J].安徽大学学报,2008(6):22-26.

[32] 张崑将.朱子对《论语·颜渊》"克己复礼"章的诠释及其争议[J].台大历史学报,2001(27):83-124.

[33] 张自慧."克己复礼"的千年聚讼与当代价值[J].河北学刊,2011(2):35-40.

[34] 赵书妍,李振宏."克己复礼"的百年误读与思想真谛[J].河北学刊,2005(2):12-20.

[35] 邱显智."克己复礼"诠解之省察——以朱子、王阳明、罗近溪为研究对象[D].南投:台湾暨南国际大学,2011.

[36] 苏俊凯."克己复礼"之生命教育哲学研究[D].衡阳:南华大学,2000.

图书在版编目（CIP）数据

"克己复礼"历史诠释及当代价值 / 唐青州著. --上海：上海社会科学院出版社，2024. -- ISBN 978-7-5520-4603-8

Ⅰ. B222.05

中国国家版本馆 CIP 数据核字第 2024HH5590 号

## "克己复礼"历史诠释及当代价值

著　　者：唐青州
责任编辑：张　宇　熊　艳
封面设计：黄婧昉
出版发行：上海社会科学院出版社
　　　　　上海顺昌路 622 号　邮编 200025
　　　　　电话总机 021 - 63315947　销售热线 021 - 53063735
　　　　　https://cbs.sass.org.cn　E-mail:sassp@sassp.cn
排　　版：南京展望文化发展有限公司
印　　刷：上海新文印刷厂有限公司
开　　本：710 毫米×1010 毫米　1/16
印　　张：12.25
字　　数：178 千
版　　次：2024 年 12 月第 1 版　2024 年 12 月第 1 次印刷

ISBN 978 - 7 - 5520 - 4603 - 8/B・544　　　　　定价：78.00 元

版权所有　翻印必究